動物の義足やさん

The brace of the animal

Sawada Toshiko

沢田俊子［文］

講談社

島田《しまだ》さんが作《つく》った いろいろな装具《そうぐ》

❶病気《びょうき》やけがの治療《ちりょう》のためのもの
❷立《た》つ、歩《ある》く、食《た》べるなど動《うご》きを助《たす》けるためのものがあります。
島田《しまだ》さんは、その動物《どうぶつ》に合《あ》わせて、
さまざまな装具《そうぐ》を作《つく》っています。

うさぎ

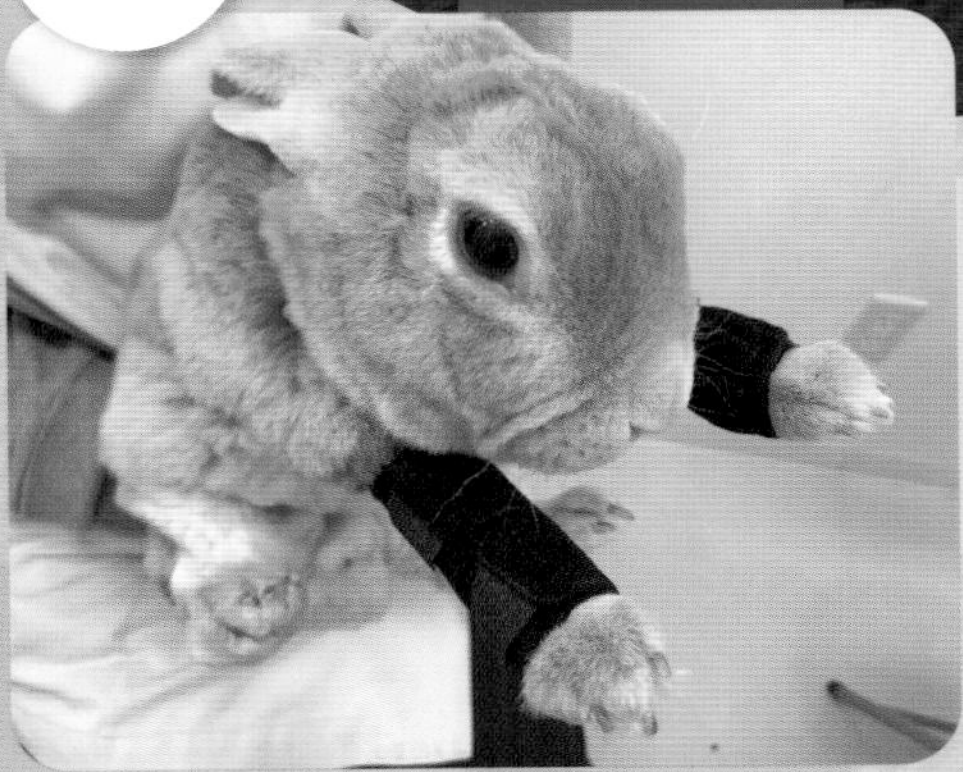

▲跳《は》ねることができるように助《たす》ける装具《そうぐ》

犬《いぬ》

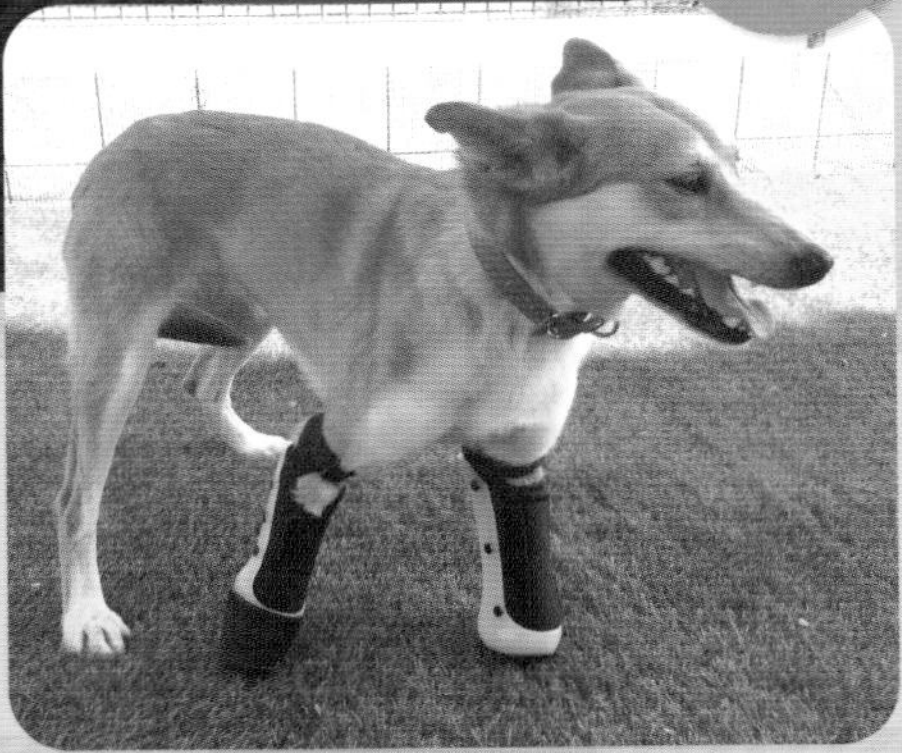

▲まえ足《あし》の義足《ぎそく》

ポニー

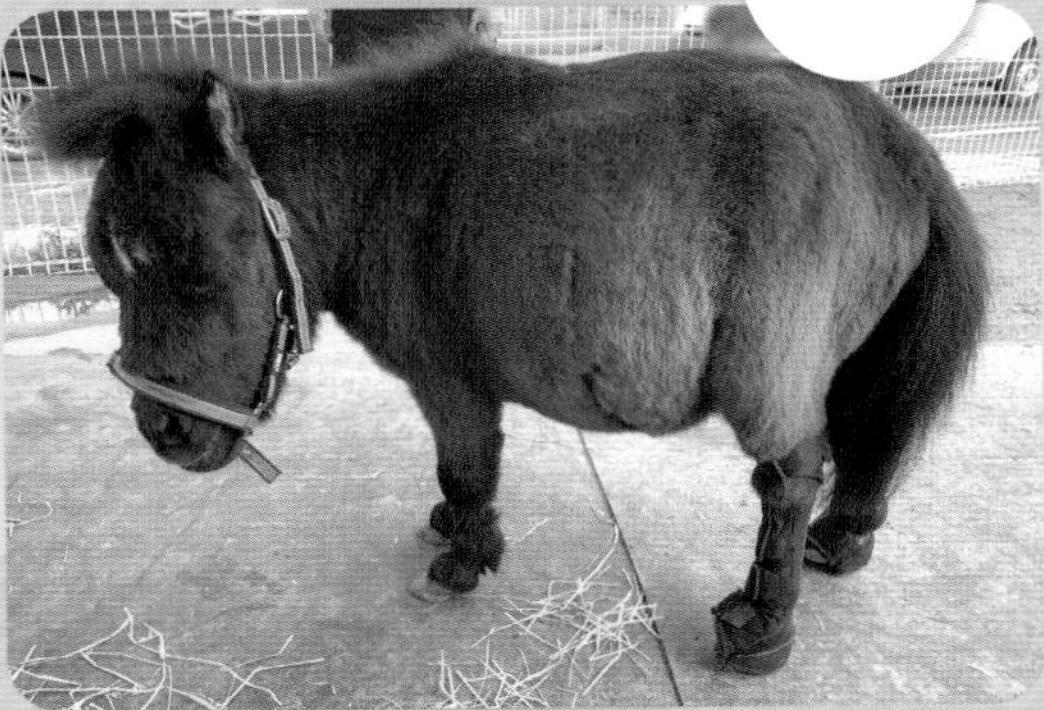

▲曲《ま》がったうしろ足《あし》をまっすぐにするための装具《そうぐ》

ひつじ

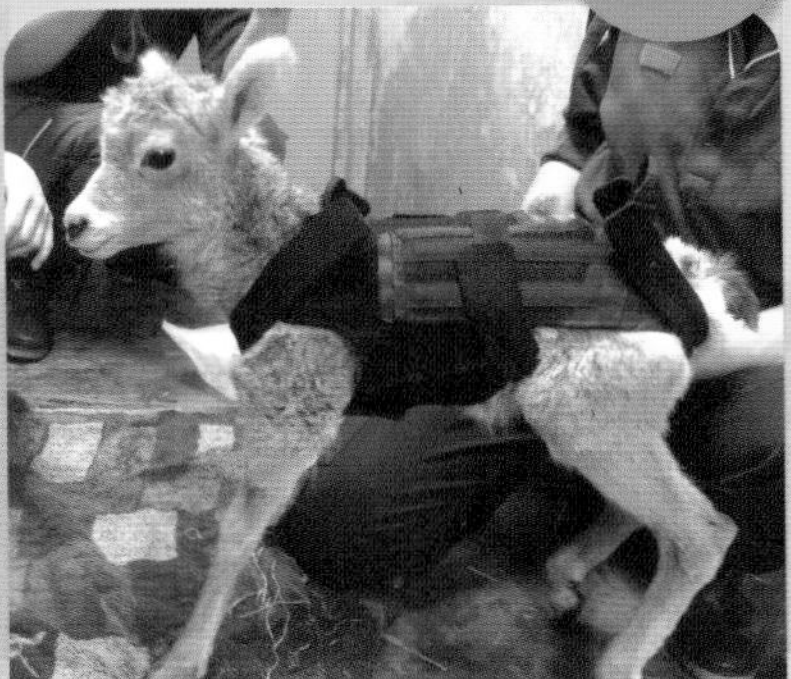

◀骨折《こっせつ》した背骨《せぼね》を支《ささ》える装具《そうぐ》

犬《いぬ》

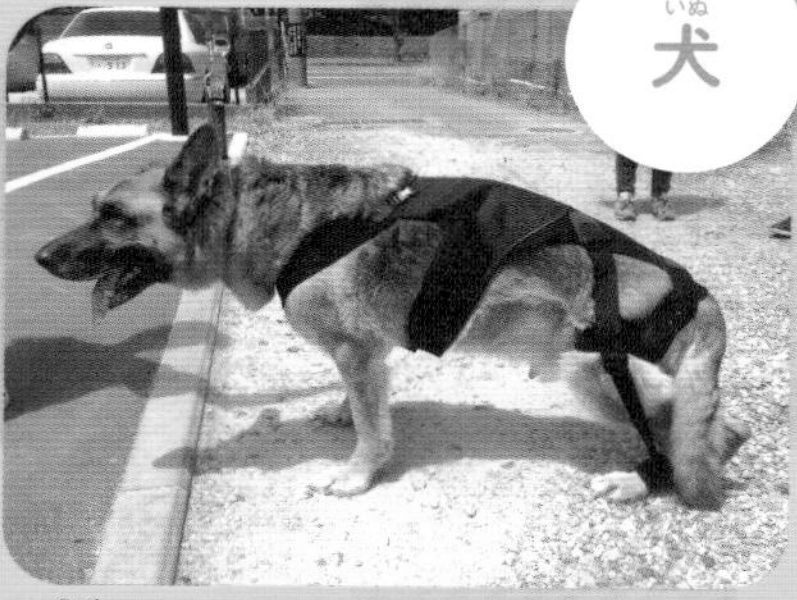

▲動《うご》かせなくなったうしろ足《あし》の動《うご》きを助《たす》ける装具《そうぐ》

ねこ

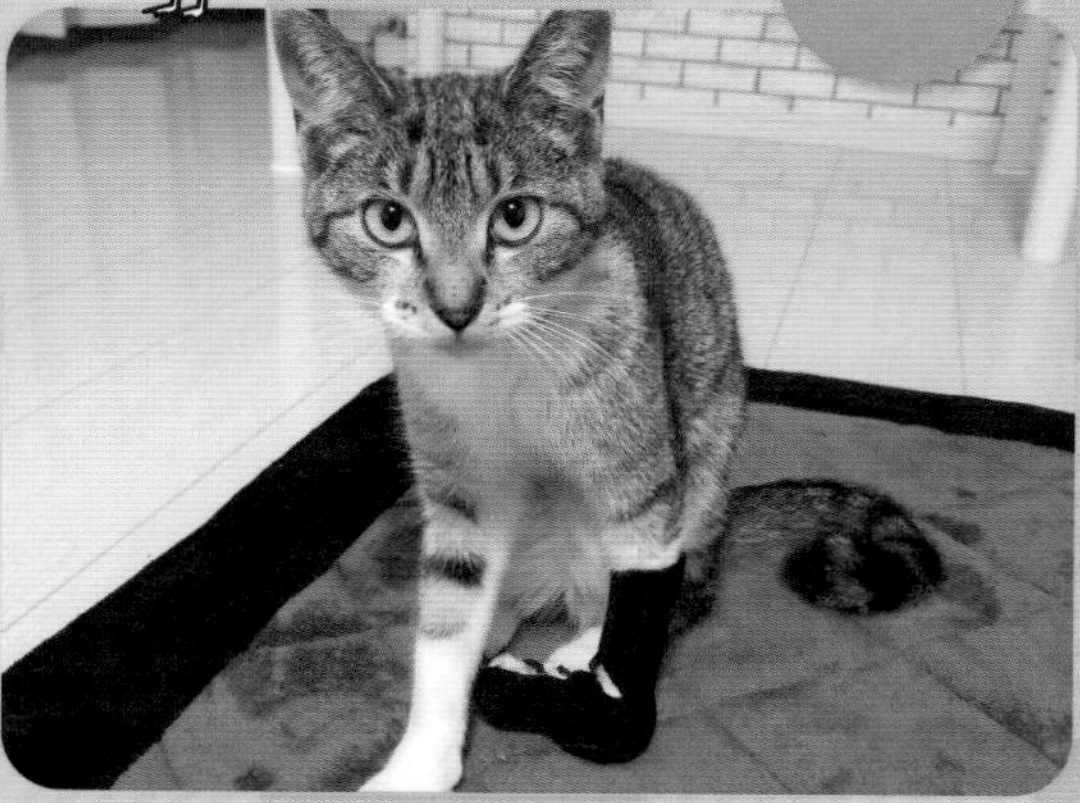

▲骨《ほね》が曲《ま》がった部分《ぶぶん》を守《まも》る装具《そうぐ》

たぬき

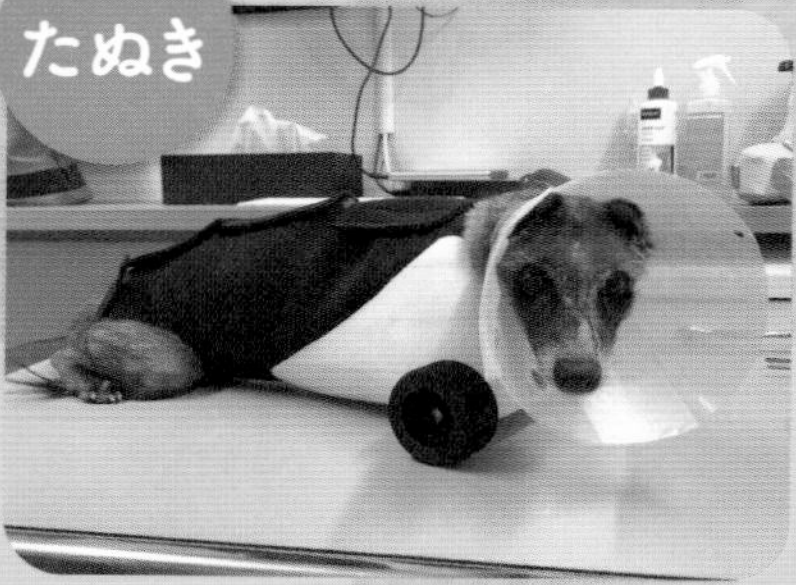

▲交通事故《こうつうじこ》でまえ足《あし》を失《うしな》ってしまったたぬきを、動《うご》けるようにする装具《そうぐ》

イヌワシ

▲足《あし》の動《うご》きを助《たす》ける装具《そうぐ》

犬《いぬ》

▲骨《ほね》を取《と》る手術《しゅじゅつ》をした頭《あたま》を守《まも》る装具《そうぐ》

犬《いぬ》

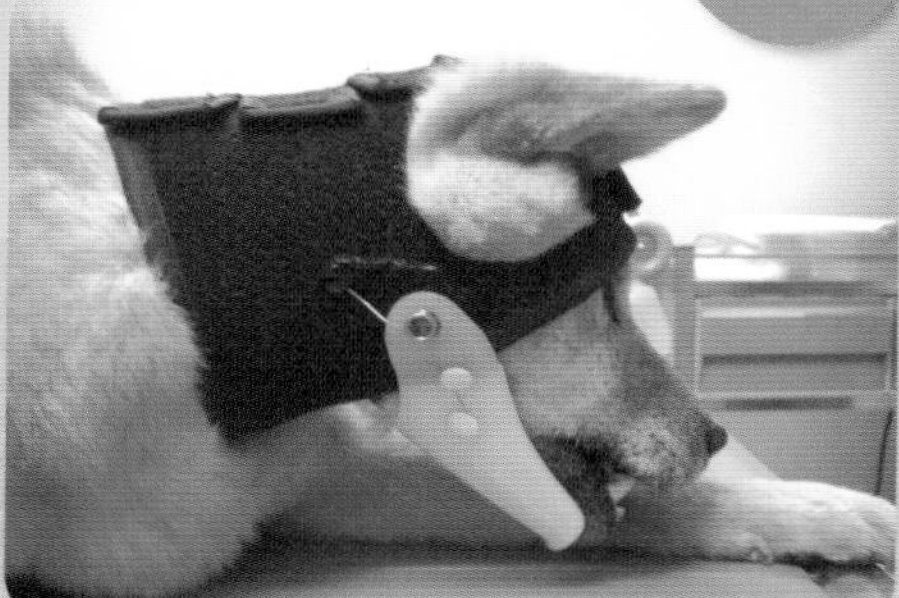

▲骨折《こっせつ》したあごを守《まも》る装具《そうぐ》

動《どう》物《ぶつ》の義《ぎ》足《そく》やさん

もくじ
Contents

まえがき

動物《どうぶつ》の義足《ぎそく》や体《からだ》を支《ささ》える器具《きぐ》を専門《せんもん》に作《つく》っている人《ひと》がいるのを知《し》っていますか？

東京都《とうきょうと》に在住《ざいじゅう》の島田旭緒《しまだあきお》さん（一九八〇年生《ねんう》まれ）は、**人間《にんげん》のための義肢装具士《ぎしそうぐし》**＊を目指《めざ》して、専門学校《せんもんがっこう》で学《まな》んでいました。そんな中《なか》で、（もし、犬《いぬ》やねこにも、体《からだ》を支《ささ》えるコルセットや、失《うしな》った手足《てあし》の代《か》わりの義肢《ぎし》があれば、ふたたび歩《ある》くことができるのでは？）と気《き》づきました。が、そのころ（二〇〇〇年《ねん》）は、動物《どうぶつ》の義肢《ぎし》を専門《せんもん》に作《つく》る人《ひと》はいませんでした。高齢《こうれい》や病気《びょうき》、けがなどでペットが歩《ある》けなくても仕方《しかた》がないと思《おも》われていた時代《じだい》だったからです。

仕事《しごと》のかたわら動物《どうぶつ》のための装具《そうぐ》を試作《しさく》し続《つづ》けて三年《ねん》、指導《しどう》を受《う》けていた獣医師《じゅういし》にやっと認《みと》められ、二〇〇七年《ねん》には製作所《せいさくじょ》を立《た》ち上《あ》げました。が、最初《さいしょ》のうちは、注文《ちゅうもん》はほとんどありませんでした。

その後《ご》、少《すこ》しずつ全国《ぜんこく》に広《ひろ》まっていき、犬《いぬ》やねこなどのペットをはじめ、義肢《ぎし》や補助具《ほじょぐ》が必要《ひつよう》な動物《どうぶつ》のための装具《そうぐ》を、今《いま》までに三万《まん》匹分《びきぶん》も作《つく》ってきました。

どんな動物《どうぶつ》が装具《そうぐ》を必要《ひつよう》とし、島田《しまだ》さんはそれらの動物《どうぶつ》のために、どんな装具《そうぐ》を、どのように工夫《くふう》して作《つく》ってきたのでしょう?

*人間《にんげん》のための義肢装具士《ぎしそうぐし》　医師《いし》の指示《しじ》のもと、体《からだ》の一部《いちぶ》や機能《きのう》を失《うしな》った人《ひと》のための義肢《ぎし》や装具《そうぐ》を製作《せいさく》する人《ひと》。国家資格《こっかしかく》がいる。

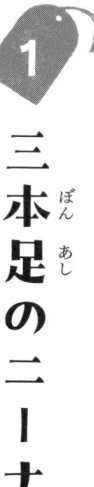

1 三本足《ぼんあし》のニーナ

二〇二一年《ねん》、神奈川県横浜市《かながわけんよこはまし》に在住《ざいじゅう》の坂本《さかもと》さん一家《いっか》は、十二年《ねん》飼《か》っていたラブラドールのシオンが死《し》んでから一年《ねん》がたち、やっと次《つぎ》の犬《いぬ》を飼《か》う気《き》になりました。

シオンはキャリアチェンジ犬《けん》でした。キャリアチェンジ犬《けん》というのは、盲導犬《もうどうけん》の訓練《くんれん》を受《う》けたものの、性格《せいかく》や健康面《けんこうめん》などの理由《りゆう》で、盲導犬《もうどうけん》にならなかった犬《いぬ》のことです。シオンは、もともと性格《せいかく》がおだやかでかしこい犬《いぬ》だったのですが、さらに、盲導犬《もうどうけん》になるためのきちんとしたしつけを受《う》けていたので、いっしょに暮《く》らすのに最高《さいこう》でした。

こんども、シオンと同《おな》じキャリアチェンジ犬《けん》にしようと考《かんが》えていました。ところが、キャリアチェンジ犬《けん》を飼《か》いたい人《ひと》が多《おお》く、何年《なんねん》も待《ま》たなければならないことがわかりました。

そんなとき、知人《ちじん》が、

「センター南動物病院《みなみどうぶつびょういん》で、保護犬《ほごけん》の譲渡会《じょうとかい》をしているわよ。」

と教《おし》えてくれました。

調《しら》べてみると、その病院《びょういん》は、犬《いぬ》やねこの保護活動《ほごかつどう》をしている「アニマルハートレスキュー」というNPO《エヌピーオー》法人《ほうじん》とつながっていて、保《ほ》護《ご》した犬《いぬ》やねこの譲渡会《じょうとかい》を定期的《ていきてき》に行《おこな》っていることがわかりました。

坂本《さかもと》さんは、次《つぎ》の譲渡会《じょうとかい》に予約《よやく》を入《い》れて、ご主人《しゅじん》と娘《むすめ》のあやかちゃん（当時《とうじ》、小学《しょうがく》四年生《ねんせい》）と、三人《にん》で行《い》ってみることにしました。

譲渡会《じょうとかい》には、熊本県《くまもとけん》の天草《あまくさ》の山《やま》の中《なか》で保護《ほご》された三匹《びき》の白《しろ》い雑種《ざっしゅ》の子犬《こいぬ》がいました。すでに一匹《ぴき》はもらい手《て》が決《き》まり、二匹《ひき》が残《のこ》っていました。

そのうちの一匹《ぴき》が、娘《むすめ》のあやかちゃんの目《め》にとまりました。

「ママ、この子《こ》、左《ひだり》のうしろ足《あし》がないよ。」

あやかちゃんはおどろいています。世話《せわ》をしている人《ひと》に聞《き》いてみると、

「おそらく、山《やま》の中《なか》でうろついているうちに、わなにかかったので

はないかと思《おも》います。」

という返事《へんじ》でした。そのせいで発育《はついく》も遅《おく》れてしまったのか、いっしょに生《う》まれた二匹《ひき》の子犬《こいぬ》より、体《からだ》が小《ち》さいです。

子犬《こいぬ》は、左《ひだり》のうしろ足《あし》が短《みじか》くなっていました。
（写真提供《しゃしんていきょう》／坂本《さかもと》さん）

引《ひ》き取《と》るならもう一匹《ぴき》のほうかなと思《おも》っていたら、あやかちゃんが、耳元《みみもと》で聞《き》きました。

「ママ、もし、だれも引《ひ》き取《と》る人《ひと》がいなかったら、この子犬《こいぬ》はどうなるの？」

心配《しんぱい》そうなあやかちゃんに、片足《かたあし》のない子犬《こいぬ》を思《おも》いやる気持《きも》ちが育《そだ》っていることを感《かん》じた坂本《さかもと》さん夫妻《ふさい》は、とてもうれしく思《おも》いました。

（この子犬《こいぬ》を引《ひ》き取《と》ろうか？　でも……。）

人《ひと》なれしていない野犬《やけん》で、しかも足《あし》が三本《ぼん》しかない子犬《こいぬ》を飼《か》うのは、むずかしいのではと不安《ふあん》でした。

子犬《こいぬ》はケージのはしっこでかたまって、あやかちゃんをおびえた

目《め》つきで見《み》ています。手《て》を出《だ》したら飛《と》びかかってくるかもしれません。それなのにあやかちゃんは、子犬《こいぬ》のそばにしゃがんで、

「かわいそうに。足《あし》、痛《いた》かったね。よしよし、もうだいじょうぶだよ。」

と、声《こえ》をかけています。

お試《ため》し期間《きかん》(家《いえ》に連《つ》れて帰《かえ》ってしばらくいっしょに暮《く》らし、飼《か》えるかどうか考《かんが》えてみることができる。)があるというので、坂本《さかもと》さん夫妻《ふさい》は、思《おも》い切《き》って預《あず》かってみることにしました。

子犬《こいぬ》は、家族《かぞく》にはすぐになれました。ほっとしたものの、人《ひと》のいない山《やま》の中《なか》で育《そだ》ったせいか、チャイムの音《おと》や、物《もの》を落《お》とした音《おと》、テレビの音《おと》にまでびくついて、よく吠《ほ》えます。

散歩《さんぽ》で出会《であ》う人《ひと》や犬《いぬ》、すれちがう車《くるま》におびえてしまい、しっぽをおしりの下《した》にまきこんで、しゃがみこみます。

すたすた歩《ある》いたら歩《ある》いたで、足《あし》の切断面《せつだんめん》が地面《じめん》にすれるので、うすくなった皮膚《ひふ》が破《やぶ》れて血《ち》が出《で》ます。手当《てあ》てをしても、散歩《さんぽ》は毎日《まいにち》のことなので、傷《きず》はふさがりません。

散歩《さんぽ》させるだけでも、ひと仕事《しごと》です。さらに心配《しんぱい》なのは、切断《せつだん》されて短《みじか》くなった左《ひだり》うしろ足《あし》に合《あ》わせるように、右《みぎ》うしろ足《あし》を曲《ま》げ、腰《こし》を落《お》として歩《ある》くことです。このままでは腰《こし》が悪《わる》くなるのではないかと思《おも》われました。もし腰《こし》を悪《わる》くしたら、老犬《ろうけん》になるまで長《なが》い間《あいだ》めんどうをみつづけるのは、たいへんかもしれません。

それでも、この子犬《こいぬ》を引《ひ》き取《と》ろうと思《おも》ったのは、子犬《こいぬ》にやさしく接《せっ》しているあやかちゃんに、足《あし》がないから飼《か》えないとは言《い》えなかったからです。

決《き》める前《まえ》に獣医師《じゅういし》に相談《そうだん》しました。すると獣医師《じゅういし》は、

「義足《ぎそく》を作《つく》ることもできますよ。」

と言《い》いました。

「犬《いぬ》に義足《ぎそく》ですか？」

おどろきつつも、義足《ぎそく》を作《つく》れるということにはげまされ、三本足《ぼんあし》の子犬《こいぬ》を飼《か》う決心《けっしん》がつきました。

坂本《さかもと》さんの家《いえ》に引《ひ》き取《と》られた子犬《こいぬ》は、ニーナと名《な》づけられました。

一般的《いっぱんてき》に、犬《いぬ》は二歳《さい》になると成長《せいちょう》が止《と》まるといわれています。二〇二二年《ねん》二月《がつ》、ニーナが推定《すいてい》で二歳《さい》になるのを待《ま》って、ニーナは、義足《ぎそく》を作《つく》ってもらうことになりました。

このとき、獣医師《じゅういし》の依頼《いらい》でやってきたのが島田旭緒《しまだあきお》さんでした。島田《しまだ》さんはニーナの歩《ある》く様子《ようす》を見《み》たあと、獣医師《じゅういし》からレントゲン写真《しゃしん》を見《み》せてもらって、説明《せつめい》を受《う》けました。

それが終《お》わると、坂本《さかもと》さんに、ニーナの日常《にちじょう》の様子《ようす》についてたずねました。坂本《さかもと》さんのいちばんの心配《しんぱい》は、ニーナが、腰《こし》を落《お》として歩《ある》くことでした。

その心配《しんぱい》をなくすには、うしろ足《あし》の左右《さゆう》の長《なが》さをそろえなければならないと、獣医師《じゅういし》は言《い》いました。島田《しまだ》さんも、そう思《おも》いました。

島田《しまだ》さんは今《いま》までに、犬《いぬ》やねこ、ポニーなどの義足《ぎそく》をたくさん作《つく》ってきました。が、それぞれ症状《しょうじょう》も、個性《こせい》もちがいました。

ニーナの場合《ばあい》、どんな義足《ぎそく》にすれば、

・負担《ふたん》が少《すく》ないか。

・歩《ある》きやすいか。

・かんたんにつけたり外《はず》したりできるか。

など、問題《もんだい》は山積《やまづ》みです。

義足《ぎそく》ができあがるまでの過程《かてい》は、こうです。

①足《あし》の寸法《すんぽう》を、ていねいに測《はか》る。

②直接《ちょくせつ》、石膏《せっこう》で型《かた》をとる場合《ばあい》もある。

③製作所《せいさくじょ》で、測《はか》った寸法《すんぽう》をもとに型紙《かたがみ》を起《お》こす。

④カッターを使《つか》って、型紙《かたがみ》を各《かく》パーツに切《き》り抜《ぬ》いていく。
⑤型紙《かたがみ》を組《く》み立《た》てる。
⑥素材選《そざいえら》び。その装具《そうぐ》に適《てき》した、通気性《つうきせい》・伸縮性《しんしゅくせい》にすぐれた素《そ》材《ざい》の中《なか》から、症状《しょうじょう》に最適《さいてき》なものを選《えら》ぶ。

ニーナの左《ひだり》うしろ足《あし》は、ひざから下《した》がないので、ひざの代《か》わりに曲《ま》げられる義足《ぎそく》を作《つく》らなければなりません。

生地《きじ》は、たくさんある中《なか》から、ウエットスーツ用《よう》のものを使《つか》うことにしました。厚《あつ》めの生地《きじ》なので、安定《あんてい》して体《からだ》を支《ささ》えることができるからです。

⑦裁断《さいだん》・縫製《ほうせい》をする。

ニーナの体重《たいじゅう》を支《ささ》えるために、直線縫《ちょくせんぬ》いだけではなく、ジグザグ

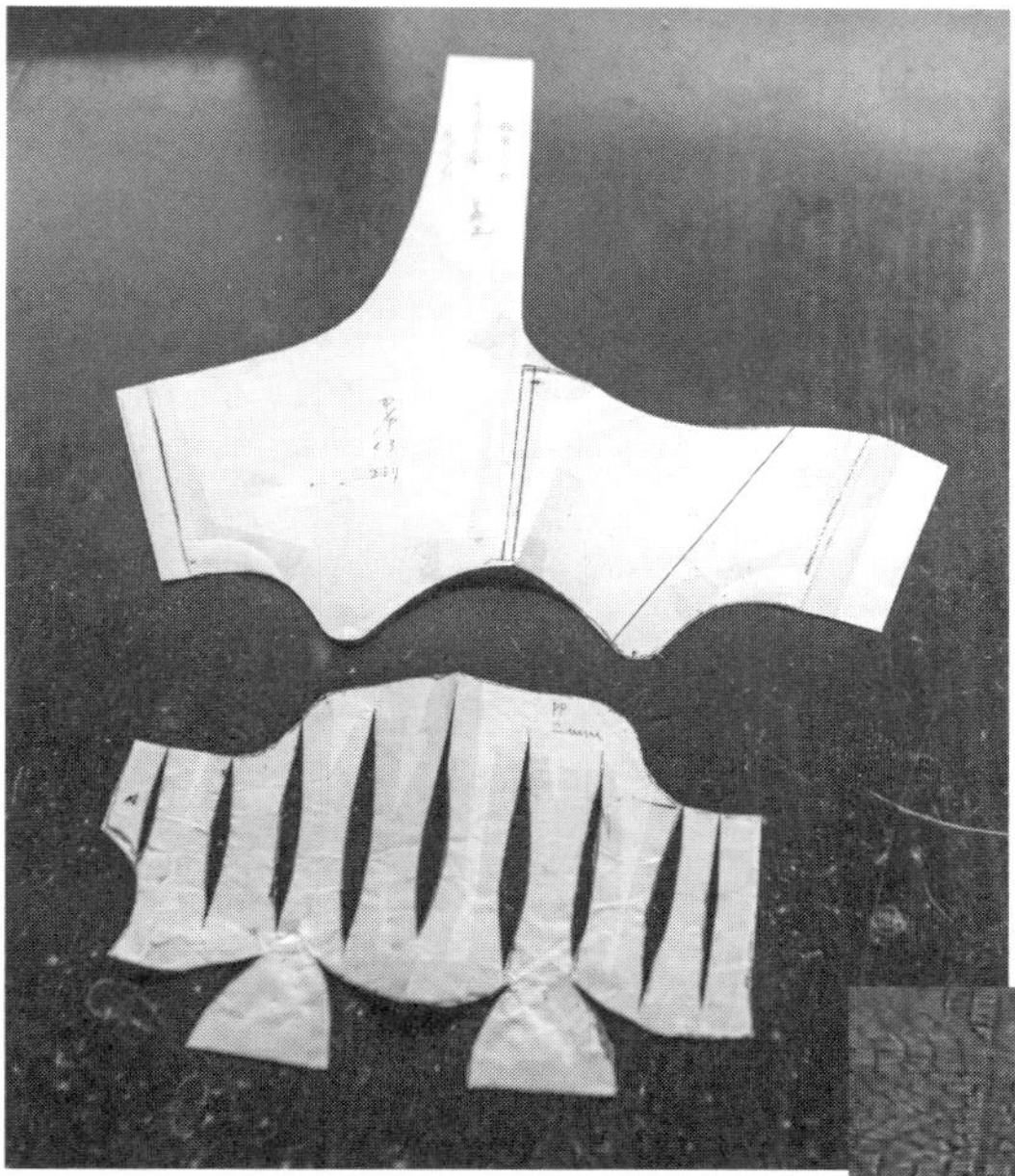

ニーナの義足用《ぎそくよう》の型紙《かたがみ》。

義足《ぎそく》をつけたニーナ。
（写真提供《しゃしんていきょう》／坂本《さかもと》さん）

ミシンも使《つか》って強度《きょうど》をおぎないました。

生地《きじ》や金具《かなぐ》は角《かど》を丸《まる》くけずりました。

傷口《きずぐち》がすれないようにクッションを入《い》れました。
⑧製作終了《せいさくしゅうりょう》。（ニーナの場合《ばあい》、二週間《しゅうかん》かかりました。）
ですが、じつは、ここからがたいへんなのです。
⑨フィッティング。
できあがった義足《ぎそく》をニーナにつけて、チェックし、微調整《びちょうせい》します。

何度《なんど》もくりかえし、ぴったり合《あ》うまでやり直《なお》します。

「左《ひだり》うしろ足《あし》が少《すこ》し浮《う》いていませんか。」

坂本《さかもと》さんが心配《しんぱい》そうに言《い》いました。

「義足《ぎそく》になれていないので、違和感《いわかん》があるだろうし、地面《じめん》に足《あし》をつけるのが不安《ふあん》なのでしょう。」

たくさんの犬《いぬ》に義足《ぎそく》を作《つく》ってきた島田《しまだ》さんは、初《はじ》めて義足《ぎそく》をつけたときの犬《いぬ》の様子《ようす》がよくわかっていますが、ニーナや飼《か》い主《ぬし》の坂本《さかもと》さんにとっては、初《はじ》めての体験《たいけん》です。

なれるまでの期間《きかん》が必要《ひつよう》です。

ニーナは、義足《ぎそく》をつけることをいやがりませんでした。ただ、切《せつ》断面《だんめん》の皮膚《ひふ》がうすいので、義足《ぎそく》にふれる部分《ぶぶん》は、すれて血《ち》がにじんできます。

坂本《さかもと》さんは、コットンをまいて傷口《きずぐち》をカバーして、散歩《さんぽ》させていたのですが、それでも血《ち》がにじんでくるので、しばらく義足《ぎそく》をはかせなかった期間《きかん》がありました。

が、義足《ぎそく》をつけないと、いずれ腰《こし》や背骨《せぼね》に負担《ふたん》がかかってきます。坂本《さかもと》さんは、ふたたび義足《ぎそく》をつけて散歩《さんぽ》させるために、ニーナの義足《ぎそく》の補正《ほせい》を頼《たの》むことにしました。

義足《ぎそく》の傷《いた》み具合《ぐあい》を見《み》れば、よく歩《ある》いていることが、島田《しまだ》さんにはわかります。

「けっこう散歩《さんぽ》させていますね？」

「一日《いちにち》に四、五十分散歩《ぷんさんぽ》をしています。」

すれることを考《かんが》えると、いっぺんに長時間歩《ちょうじかんある》かせないほうがいいのですが、島田《しまだ》さんは、あえて口《くち》には出《だ》しません。それは獣医《じゅうい》さんが判断《はんだん》して指導《しどう》してくれることだからです。島田《しまだ》さんは、獣医《じゅうい》さんに頼《たの》まれて、義足《ぎそく》を作《つく》るのが自分《じぶん》の仕事《しごと》だとわきまえています。

「ほかに、気《き》になることがありますか？」

「切断面《せつだんめん》の皮膚《ひふ》から、あいかわらず血《ち》がにじむことです。」

「血《ち》がにじむのは、ニーナが義足《ぎそく》を信頼《しんらい》して、体重《たいじゅう》をかけて歩《ある》いているからだと思《おも》います。獣医《じゅうい》さんからお聞《き》きのとおり、切断《せつだん》した面《めん》はもともと皮膚《ひふ》がなく、まわりの皮膚《ひふ》を引《ひ》っ張《ぱ》ってぬい合《あ》わせているので、その部分《ぶぶん》の皮膚《ひふ》はとてもうすいのです。」

義足《ぎそく》を預《あず》かって帰《かえ》り、破《やぶ》れていた布《ぬの》の部分《ぶぶん》やスポンジを補修《ほしゅう》します。すれる箇所《かしょ》にクッションとなるシリコンを入《い》れました。

それでも血《ち》がにじむので、島田《しまだ》さんは、「くつした」があったほうがいいと判断《はんだん》。坂本《さかもと》さんにそう伝《つた》えました。坂本《さかもと》さんは、ぜひ作《つく》ってほしいと、くつしたを注文《ちゅうもん》しました。くつしたといっても、人間《にんげん》がはくようなくつしたではなく、傷口《きずぐち》を保護《ほご》するカバーです。

最初《さいしょ》からくつしたも作《つく》ればいいと思《おも》う人《ひと》もいるかもしれませんが、義足《ぎそく》とは別《べつ》に費用《ひよう》がかかることなので、必要《ひつよう》だと判断《はんだん》したときに、飼《か》い主《ぬし》さんに相談《そうだん》して作《つく》ることにしています。

ちなみに義足《ぎそく》については、合《あ》うまで、何度《なんど》でも無償《むしょう》で修理《しゅうり》していきます。最高《さいこう》の状態《じょうたい》で使《つか》ってほしいので、利益《りえき》は考《かんが》えないようにしています。

六月《がつ》、義足《ぎそく》の修理《しゅうり》とくつしたができあがりました。

ニーナが、左《ひだり》うしろ足《あし》につけている黒《くろ》い部分《ぶぶん》がそのくつしたです。

ぬげないように、ベルトで腰《こし》にとめています。これをつけてから、義足《ぎそく》をつけます。

黒《くろ》い部分《ぶぶん》が傷口《きずぐち》を保護《ほご》する「くつした」です。
（写真提供《しゃしんていきょう》／坂本《さかもと》さん）

このくつしたのおかげで、散歩《さんぽ》に行《い》っても血《ち》がにじまなくなりました。坂本《さかもと》さんは、安心《あんしん》して散歩《さんぽ》させることができるでしょう。

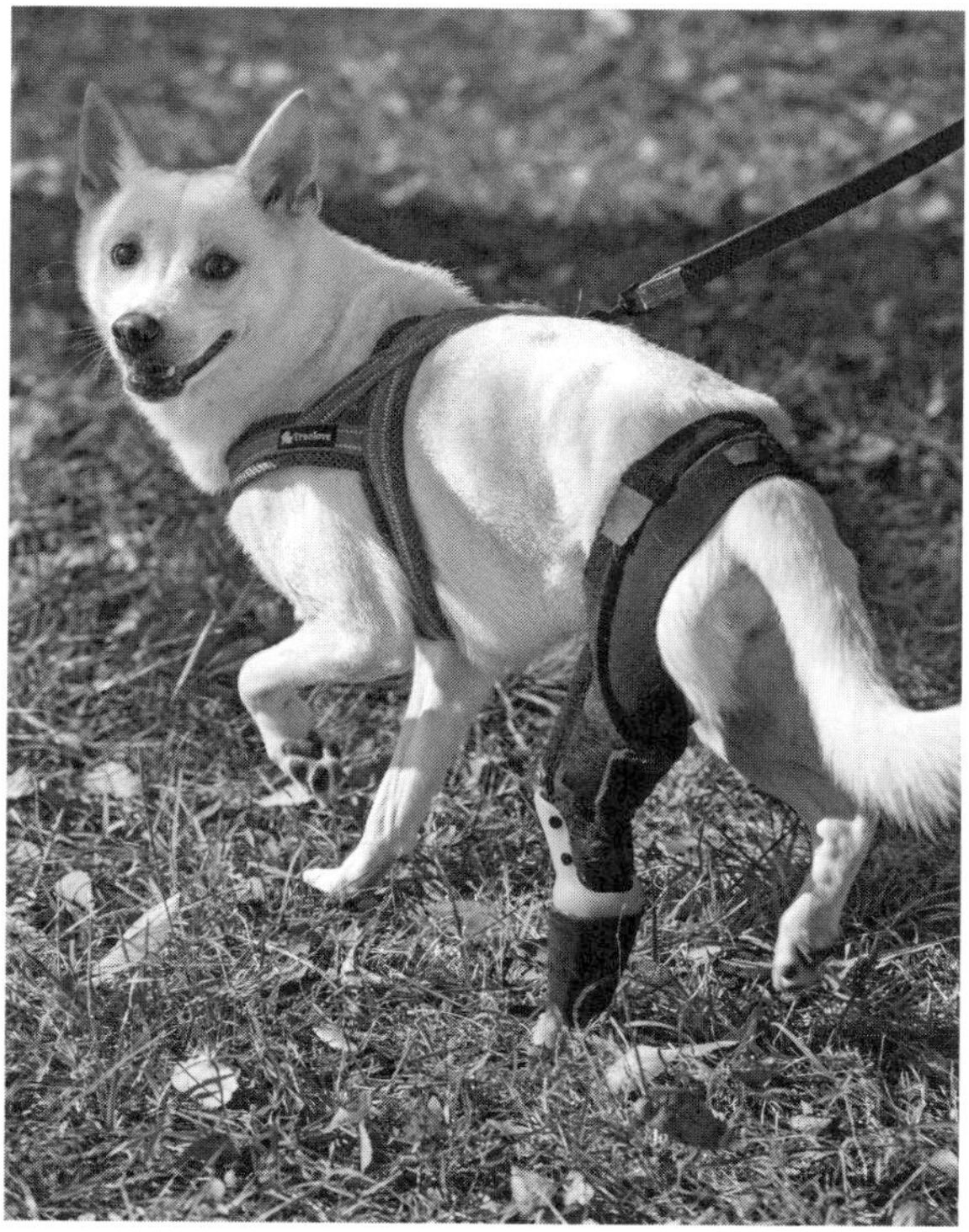

くつしたのおかげで、散歩《さんぽ》しても血《ち》がにじまなくなりました。

島田《しまだ》さんのフォローは、これからも続《つづ》きます。

さて、あやかちゃんにとって、ニーナの存在《そんざい》は、前《まえ》の飼《か》い犬《いぬ》のシオンとはちがいます。シオンは、自分《じぶん》が生《う》まれたときにはすでにいたので、いるのが当《あ》たり前《まえ》の存在《そんざい》で、いつもやさしくあやかちゃんを見守《みまも》ってくれていました。

が、自分《じぶん》が飼《か》うと決《き》めたこの子犬《こいぬ》に対《たい》して、(わたしが守《まも》ってあげなければ。)とあやかちゃんは思《おも》いました。

六年生《ねんせい》になったあやかちゃんは、フードをやります。トイレの始末《しまつ》もします。

学校《がっこう》が休《やす》みの日《ひ》は、お母《かあ》さんと散歩《さんぽ》に連《つ》れていきます。散歩中《さんぽちゅう》、知《し》らない人《ひと》から、ニーナの足《あし》について聞《き》かれることもありますが、お母《かあ》さんの代《か》わりに、答《こた》えることもあります。

野犬《やけん》だったこと。

そのときにわなにかかって足《あし》を失《うしな》ったらしいこと。

保護犬《ほごけん》の譲渡会《じょうとかい》で出会《であ》ったこと。

義足《ぎそく》を作《つく》ってもらったことなど。

ニーナが家《いえ》に来《き》たことで、動物《どうぶつ》のために義足《ぎそく》を作《つく》る人《ひと》がいることを知《し》ったのはもちろん、保護犬《ほごけん》や保護《ほご》ねこが、ほかにもたくさんいることも知《し》りました。

将来《しょうらい》、どんな仕事《しごと》をするかはまだわかりませんが、あやかちゃんは、ニーナのおかげで、動物《どうぶつ》にかかわるいろいろな仕事《しごと》があることを知《し》りました。

あやかちゃんとニーナ（2024年《ねん》3月《がつ》撮影《さつえい》）。　（写真提供《しゃしんていきょう》／坂本《さかもと》さん）

2 義肢装具士《ぎしそうぐし》になったきっかけ

そもそも、島田旭緒《しまだあきお》さんが、人間《にんげん》のための義肢装具士《ぎしそうぐし》を目指《めざ》していたのには、父方《ちちかた》のおじいさんの存在《そんざい》が影響《えいきょう》しています。

おじいさんは、鉄製品《てつせいひん》を作《つく》る工場《こうじょう》を経営《けいえい》していました。ところが作業中《さぎょうちゅう》、鉄《てつ》の破片《はへん》が飛《と》んで左目《ひだりめ》にささり、失明《しつめい》。義眼《ぎがん》をはめていました。

その後《ご》、プレス機《き》に左手《ひだりて》をはさまれ、指《ゆび》を四本失《ほんうしな》っていました。義手《ぎしゅ》を作《つく》ってもらったのですが、ほとんどはめていませんでした。

はめないわけは、使《つか》いづらいからだと思《おも》った島田少年《しまだしょうねん》は、将来《しょうらい》は、障害《しょうがい》のある人《ひと》たちのために使《つか》いやすい装具《そうぐ》を作《つく》る人《ひと》になりたいと思《おも》うようになりました。

物《もの》づくりが好《す》きだったこともあって、高校《こうこう》を卒業《そつぎょう》すると、人間《にんげん》の義肢《ぎし》を作《つく》るための専門学校《せんもんがっこう》に進《すす》み、国家資格《こっかしかく》も取《と》りました。

が、在学中《ざいがくちゅう》、動物《どうぶつ》の義肢《ぎし》を作《つく》っているところがないことに気《き》づきました。ためしに、獣医師《じゅういし》と犬《いぬ》の飼《か》い主《ぬし》に、「動物用《どうぶつよう》のコルセットや義肢《ぎし》は必要《ひつよう》だと思《おも》いますか？」とアンケートを取《と》ってみると、回《かい》答者《とうしゃ》の七十パーセント近《ちか》くが、「必要《ひつよう》」にチェックを入《い》れました。

それなのに、動物用《どうぶつよう》のコルセットや義肢《ぎし》を専門《せんもん》に作《つく》っているところがないのは、不思議《ふしぎ》でした。

『動物用義肢装具《どうぶつようぎしそうぐ》の有用性《ゆうようせい》について』と題《だい》した卒業論文《そつぎょうろんぶん》をまとめ、

PO《ピーオー》アカデミー（日本義肢装具士協会《にほんぎしそうぐしきょうかい》）学会《がっかい》で発表《はっぴょう》し、高《たか》い評価《ひょうか》をもらいました。

が、卒業後《そつぎょうご》に島田《しまだ》さんが就職《しゅうしょく》したのは、人間《にんげん》のための義肢装具製作会社《ぎしそうぐせいさくがいしゃ》でした。

学生時代《がくせいじだい》、四国《しこく》の義肢製作会社《ぎしせいさくがいしゃ》で研修中《けんしゅうちゅう》の島田《しまだ》さん。
（写真提供《しゃしんていきょう》／島田《しまだ》さん）

理由《りゆう》はかんたんです。動物専門《どうぶつせんもん》の義肢製作会社《ぎしせいさくがいしゃ》が存在《そんざい》しなかったからです。

社会人《しゃかいじん》になって働《はたら》いていたある日《ひ》、会社《かいしゃ》の先輩《せんぱい》が飼《か》っていたチワワが背骨《せぼね》を骨折《こっせつ》しました。動物病院《どうぶつびょういん》から帰《かえ》ってきたチワワを見《み》た島田《しまだ》さんはびっくりしました。腰《こし》にざぶとんをまいていたからです。が、よく見《み》ると、それは、コルセットでした。

（動物用《どうぶつよう》の装具《そうぐ》を作《つく》っている人《ひと》がいる！）

心《こころ》がおどったものの、獣医師《じゅういし》が作《つく》ったというその装具《そうぐ》は、ざぶとんに穴《あな》をあけたようなものでした。人間《にんげん》の装具《そうぐ》とは、かけ離《はな》れていました。

今《いま》、振《ふ》り返《かえ》ってみると、その獣医師《じゅういし》の作《つく》ったコルセットは、見栄《みば》えは悪《わる》かったのですが、犬《いぬ》の骨格《こっかく》と骨折《こっせつ》の治療《ちりょう》を考《かんが》えた、理《り》にかなったすばらしいものでした。

にもかかわらず、当時《とうじ》の島田《しまだ》さんは、

(ぼくなら、もっとうまく、かっこいいものが作《つく》れる。)

と思《おも》いました。そう思《おも》うとがまんできなくなり、

「装具《そうぐ》を作《つく》らせてほしい。」

と、その獣医師《じゅういし》に申《もう》し出《で》ました。が、まったく相手《あいて》にしてもらえませんでした。

その後《ご》、涼《すず》しいメッシュ生地《きじ》やカラフルで見栄《みば》えのいい素材《そざい》を使《つか》ったりして改良《かいりょう》を重《かさ》ね、その獣医師《じゅういし》のもとに見《み》せに行《い》ったのですが、

「こんなものは使《つか》えない。」

と拒否《きょひ》され続《つづ》けました。厳《きび》しい言葉《ことば》をなげつけつつも、獣医師《じゅういし》は、そのつど、適切《てきせつ》なアドバイスをしてくれました。島田《しまだ》さんは、

(この獣医師《じゅういし》のもとで修業《しゅぎょう》させてもらおう。)

かってにそう思《おも》い、新《あたら》しい装具《そうぐ》ができると、

「こんどは、どうでしょう。」

と、獣医師《じゅういし》の意見《いけん》を聞《き》きに行《い》きました。

3 澤獣医師《さわじゅういし》との出会《であ》い

その獣医師《じゅういし》は、神奈川県《かながわけん》にある澤動物病院《さわどうぶつびょういん》の澤邦彦院長《さわくにひこいんちょう》（現在《げんざい》、澤動物病院神奈川動物医療《さわどうぶつびょういんかながわどうぶついりょう》センター代表《だいひょう》）でした。

何度《なんど》も足《あし》を運《はこ》んでいるうちに、澤獣医師《さわじゅういし》のほうから連絡《れんらく》がありました。

「ポメラニアンの装具《そうぐ》を作《つく》ってみないか？」

そのポメラニアンは子犬《こいぬ》のときに右《みぎ》のまえ足《あし》を骨折《こっせつ》し、ほかの動物病院《どうぶつびょういん》で何度《なんど》か手術《しゅじゅつ》をしたのですが、橈骨《とうこつ》と尺骨《しゃっこつ》の**癒合不全**《*ゆごうふぜん》といって、骨《ほね》がくっつかなくなっていました。小型犬種《こがたけんしゅ》が骨折《こっせつ》したときに、発生率《はっせいりつ》が高《たか》いということでした。

「癒合不全《ゆごうふぜん》でも歩《ある》けるようなコルセットを作《つく》ってください。」

というのが依頼内容《いらいないよう》でした。

獣医学《じゅういがく》の知識《ちしき》がない島田《しまだ》さんには、すべてが手《て》さぐりです。

チワワやポメラニアン、パピヨン、トイ・プードルなどの小《こ》型犬《がたけん》に骨折《こっせつ》が多《おお》いのは、骨《ほね》が非《ひ》常《じょう》に細《ほそ》いためだということを知《し》りました。

＊癒合不全《ゆごうふぜん》　骨折《こっせつ》したところが通常《つうじょう》の期間《きかん》をすぎても骨《ほね》が元《もと》どおりにくっつかないこと。

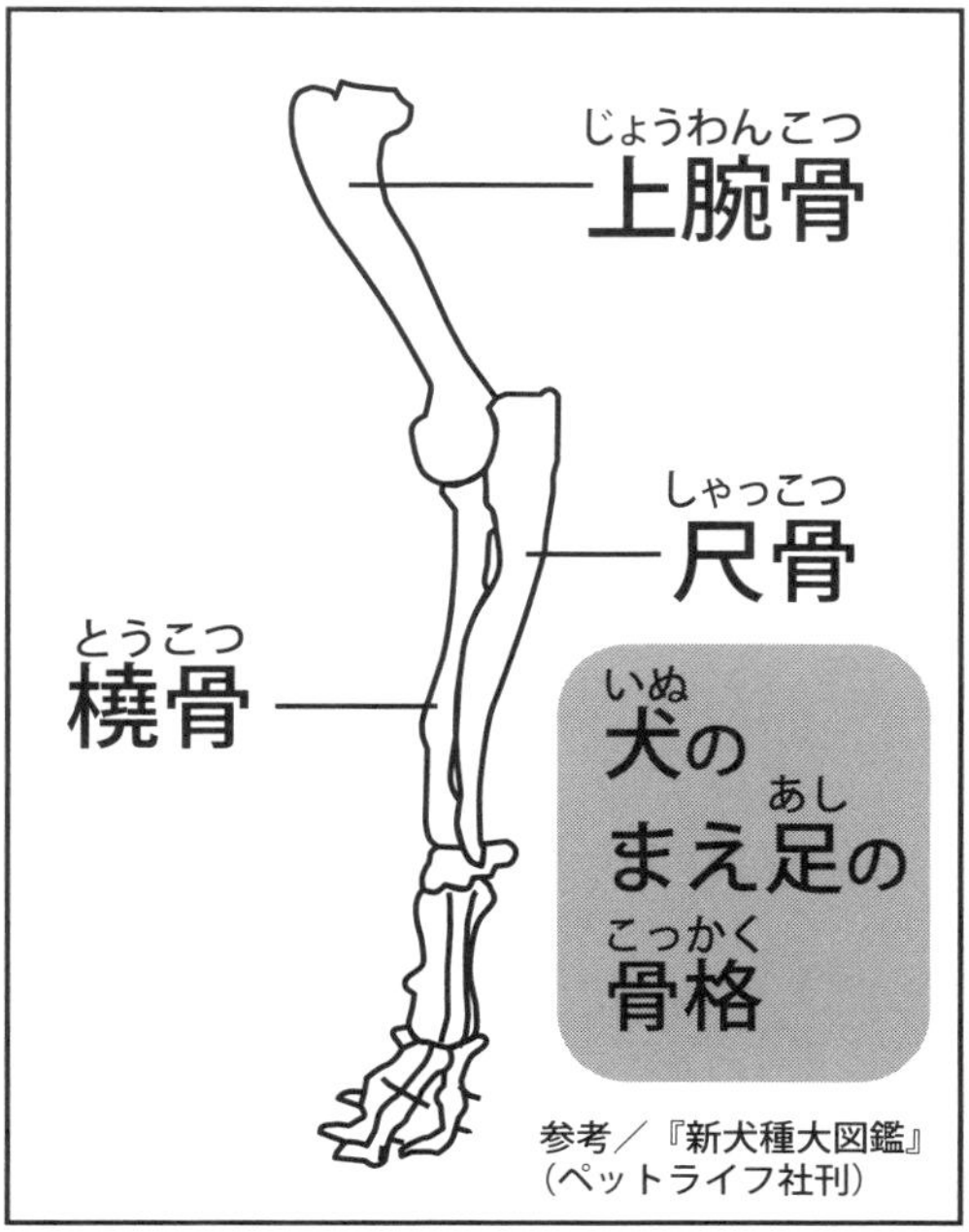

参考／『新犬種大図鑑』（ペットライフ社刊）

骨折は、生後四か月から一歳前後が多く、これは、骨《ほね》がじゅうぶんに成長《せいちょう》していないからです。主《おも》な骨折《こっせつ》の原因《げんいん》は、

①抱《だ》っこから落《お》としてしまう。

②ソファから飛《と》び降《お》りる。

③すべって、転《ころ》んでしまう。

などがあげられますが、橈骨《とうこつ》や尺骨《しゃっこつ》が骨折《こっせつ》した場合《ばあい》、強《つよ》い痛《いた》みから、足《あし》を地面《じめん》につけることができなくなり、飼《か》い主《ぬし》が抱《だ》っこすることが増《ふ》えます。するとますます足《あし》が弱《よわ》ってしまいます。そうならないように、自力《じりき》で歩《ある》くための補助装具《ほじょそうぐ》を作《つく》らなければなりません。レントゲン写真《しゃしん》を見《み》ながら、島田《しまだ》さんは考《かんが》えました。

・くっつかない骨《ほね》を保護《ほご》し、

・歩《ある》くときに負担《ふたん》がかからないようにするためには、
・どんな素材《そざい》を使《つか》い、
・どんな形《かたち》にすればいいのか？

そもそも、この場合《ばあい》、どの部《ぶ》分《ぶん》のサイズを測《はか》ればいいのか？

澤獣医師《さわじゅういし》は、島田《しまだ》さんが壁《かべ》にぶつかって相談《そうだん》するたび、適切《てきせつ》に指導《しどう》してくれました。

この経験《けいけん》から、島田《しまだ》さんは、動物《どうぶつ》の義肢装具士《ぎしそうぐし》の仕事《しごと》は、病《びょう》

恩人《おんじん》である澤邦彦獣医師《さわくにひこじゅういし》と（2023年《ねん》11月撮影《がつさつえい》）。

気《き》やけがを治《なお》す獣医師《じゅういし》の補佐《ほさ》をすることだと思《おも》うようになりました。犬《いぬ》やねこなどに義肢《ぎし》や装具《そうぐ》を作《つく》るには、まず、獣医師《じゅういし》に治療《ちりょう》のために必要《ひつよう》だと認《みと》めてもらわなければならないと気《き》づいたのです。

ポメラニアンの装具《そうぐ》は、澤《さわ》獣医師《じゅういし》のアドバイスを受《う》けながら改良《かいりょう》を続《つづ》けていました。澤獣医師《さわじゅういし》のオーケーが出《で》るまで二年《ねん》かかりました。それだけ時間《じかん》がかかったのは、勤《つと》めから帰《かえ》った深夜《しんや》や休日《きゅうじつ》にしか

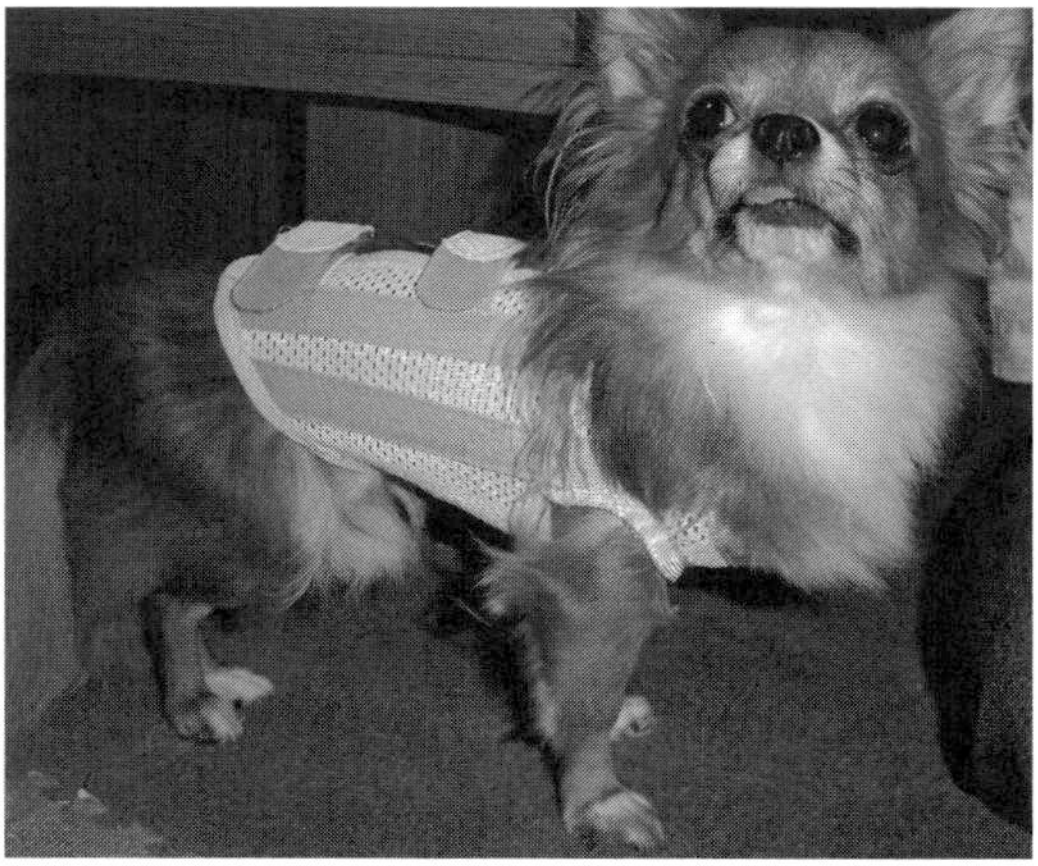

島田《しまだ》さんが、初《はじ》めて作《つく》ったコルセット。
（写真提供《しゃしんていきょう》／島田《しまだ》さん）

製作《せいさく》のための時間《じかん》が取《と》れなかったからです。

それでも、二〇〇四年《ねん》から二〇〇七年《ねん》までの三年間《ねんかん》に、いろいろな症例《しょうれい》の犬《いぬ》の装具《そうぐ》を六十例《れい》、作《つく》りました。

どうしても動物《どうぶつ》の装具士《そうぐし》になりたかった島田《しまだ》さんは、澤獣医師《さわじゅういし》に認《みと》められたのをチャンスとばかり、二〇〇七年《ねん》、きっぱり会社《かいしゃ》を辞《や》めました。二十六歳《さい》のときでした。

このとき、澤獣医師《さわじゅういし》は反対《はんたい》しました。まだ世間的《せけんてき》に知《し》られていない動物用《どうぶつよう》の装具《そうぐ》を作《つく》る仕事《しごと》だけで生活《せいかつ》していくのは、経済的《けいざいてき》にとても無理《むり》だと考《かんが》えたからです。反対《はんたい》されたにもかかわらず、情熱《じょうねつ》に燃《も》えていた島田《しまだ》さんは、覚悟《かくご》を決《き》めて、母方《ははかた》のおじいさんが経営《けいえい》していた元工場《もとこうじょう》の一室《いっしつ》を借《か》りて、動物《どうぶつ》のための装具《そうぐ》の製作所《せいさくじょ》を設立《せつりつ》しました。

「東洋装具医療器具製作所《とうようそうぐいりょうきぐせいさくじょ》」の第一歩《だいいっぽ》です。

会社名《かいしゃめい》に、「義肢《ぎし》」という語句《ごく》を入《い》れなかったのは、このころは、世間的《せけんてき》に動物《どうぶつ》に義肢《ぎし》（義足《ぎそく》）が必要《ひつよう》だとは思《おも》われていなかっただけではなく、島田《しまだ》さん自身《じしん》も義肢《ぎし》を作《つく》れるとは、思《おも》っていなかったからです。

張《は》り切《き》って会社《かいしゃ》を立《た》ち上《あ》げたものの、数《すう》か月《げつ》の間《あいだ》に二件《けん》しか注文《ちゅうもん》がありませんでした。澤獣医師《さわじゅういし》が心配《しんぱい》していたとおりです。

貯金《ちょきん》はどんどん減《へ》っていきます。

（どうしよう……。）

島田《しまだ》さんは追《お》いつめられました。

そのときに手《て》をさしのべてくれたのは、澤獣医師《さわじゅういし》でした。知《し》り合《あ》いの動物病院《どうぶつびょういん》に島田《しまだ》さんを紹介《しょうかい》してくれたのです。

それをきっかけに、動物《どうぶつ》にも義肢装具《ぎしそうぐ》が必要《ひつよう》だと認《みと》めてくれる獣《じゅう》医師《いし》が少《すこ》しずつ増《ふ》えていきました。

使用例《しようれい》が増《ふ》えるにつれ、島田《しまだ》さんの製作《せいさく》したコルセットや義肢《ぎし》は、獣医師《じゅういし》はもちろん、飼《か》い主《ぬし》の間《あいだ》でも評判《ひょうばん》になっていきました。

装具《そうぐ》には、大《おお》きく分《わ》けると二種類《しゅるい》あって、

①治療《ちりょう》のためのもの。

②機能《きのう》を補助《ほじょ》するもの。

になります。

主《おも》にペットの犬《いぬ》やねこ、ほかには、ポニーやペンギン、うさぎやたぬきなどの義肢《ぎし》を作《つく》ることもあります。今《いま》までに作《つく》った義肢《ぎし》や補助装具《ほじょそうぐ》の数《かず》は三万点《まんてん》を超《こ》えました。

ほとんどが、よろこんでもらっていますが、すべてうまくいったわけではありません。同《おな》じ犬種《けんしゅ》で、同《おな》じような体型《たいけい》の同《おな》

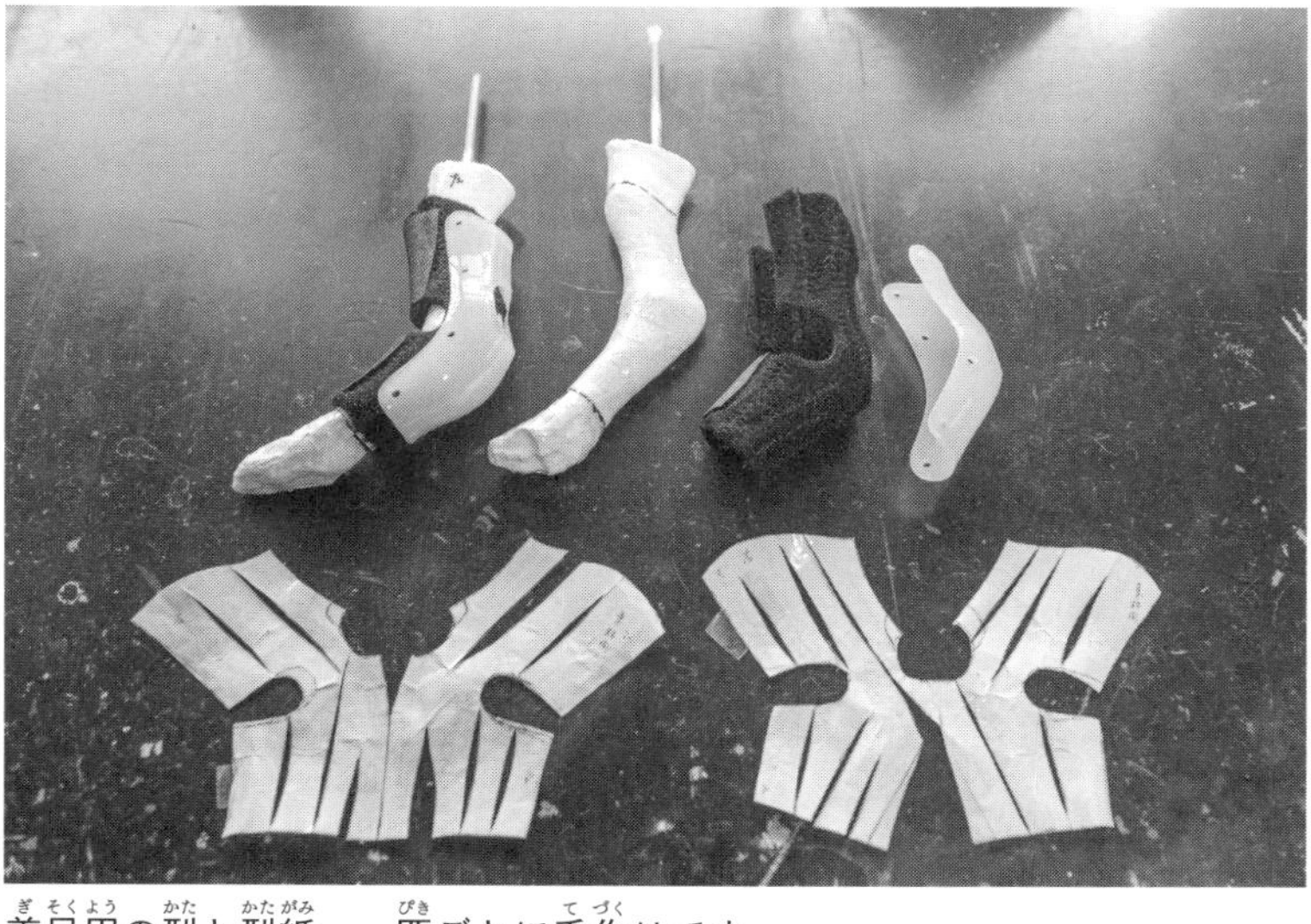

義足用《ぎそくよう》の型《かた》と型紙《かたがみ》。一匹《ぴき》ごとに手作《てづく》りです。

じような症状《しょうじょう》の犬《いぬ》でも、微妙《びみょう》に状態《じょうたい》がちがいます。歩《ある》くくせで皮膚《ひふ》がすれて血《ち》が出《で》てくることもあります。

装具《そうぐ》の角度《かくど》や幅《はば》、とめる位置《いち》、面《めん》ファスナーの幅《はば》、しめ具合《ぐあい》など、一ミリ単位《たんい》で調整《ちょうせい》していかなければ、その子《こ》にぴったりの装具《そうぐ》は作《つく》れません。

毛《け》の状態《じょうたい》や、犬《いぬ》の個性《こせい》、飼《か》われている環境《かんきょう》や、飼《か》い主《ぬし》の価値観《かちかん》も関係《かんけい》してきます。最後《さいご》までキチンと対応《たいおう》させてもらえれば、必《かなら》ずいい装具《そうぐ》が作《つく》れるのですが、調整《ちょうせい》する回数《かいすう》が増《ふ》えると不満《ふまん》に思《おも》ったり、あきらめて来《こ》なくなってしまう人《ひと》もいます。

また、装具《そうぐ》に犬《いぬ》がなれるまで一週間《しゅうかん》くらいはかかるのですが、いやがるからと、なれる前《まえ》につけるのをやめてしまう人《ひと》もいます。

何度《なんど》も作《つく》り直《なお》していよいよ完成《かんせい》という矢先《やさき》、装具《そうぐ》をつけて元気《げんき》に歩《ある》けるはずだった犬《いぬ》やねこが、病気《びょうき》や高齢《こうれい》で天国《てんごく》に行《い》ってしまうこともあります。そんな場合《ばあい》、島田《しまだ》さんは飼《か》い主《ぬし》さんの気持《きも》ちを考《かんが》えて、代金《だいきん》をもらわないようにしています。

一匹《ぴき》の小型犬《こがたけん》のために一日《にち》かけて、遠方《えんぽう》まで行《い》くこともあります。装具《そうぐ》を作《つく》るまでもなく、身近《みぢか》にあるゴムひもなどを使《つか》って対処《たいしょ》できる場合《ばあい》、島田《しまだ》さんは、その方法《ほうほう》だけを提案《ていあん》して帰《かえ》ってきます。仕事《しごと》にはつながらなくても、飼《か》い主《ぬし》さんから、「散歩《さんぽ》の距離《きょり》が二、三倍《ばい》になりました。」とよろこんでもらえれば、それでじゅうぶんだと思《おも》うことにしています。

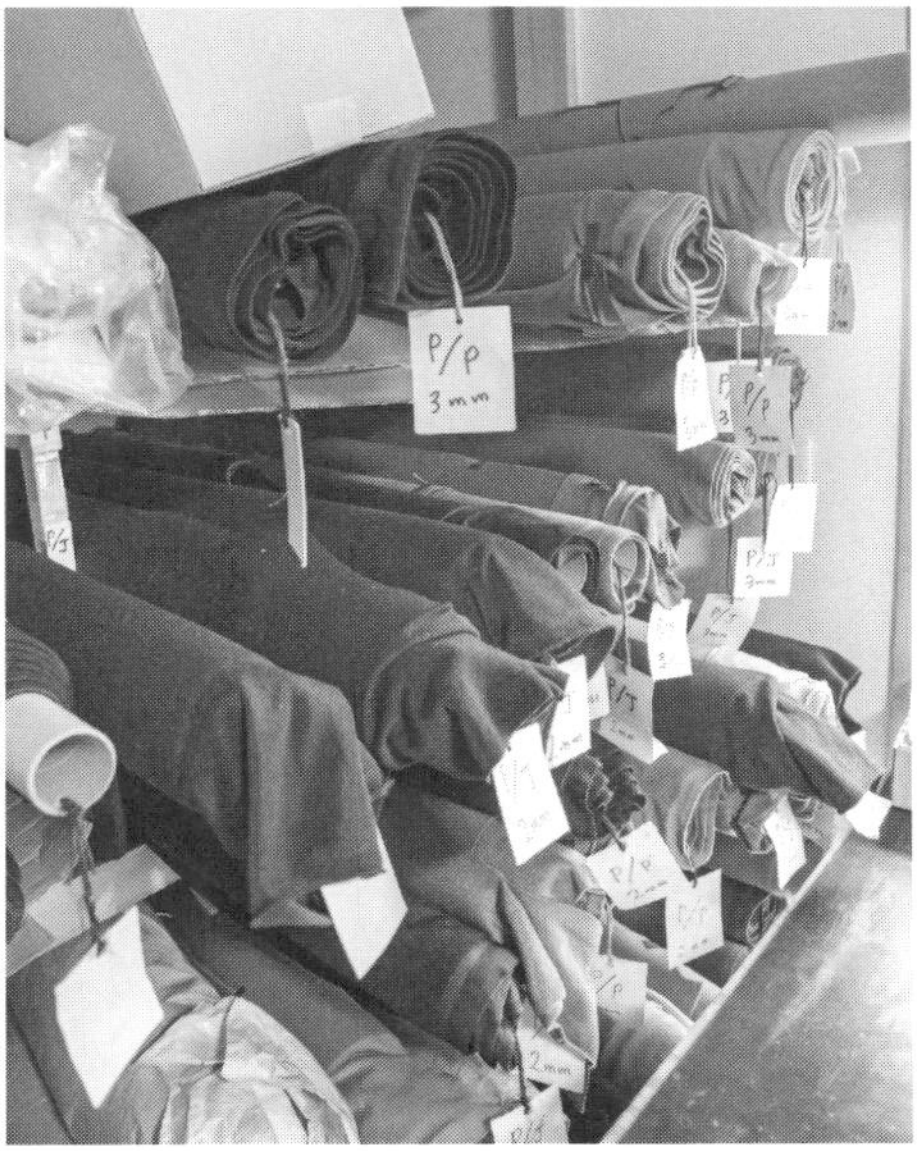

〈写真上《しゃしんうえ》〉島田《しまだ》さんが作《つく》った型《かた》の数々《かずかず》。〈写真左《しゃしんひだり》〉さまざまな種類《しゅるい》の布《ぬの》や素材《そざい》の中《なか》から、ぴったりのものを選《えら》びます。

4 十回目《かいめ》のチャレンジ

神奈川県《かながわけん》の工業団地《こうぎょうだんち》の中《なか》に、ブラインドなどを作《つく》っている会社《かいしゃ》（従業員五百名《じゅうぎょういんめい》）の工場《こうじょう》があります。工場《こうじょう》の敷地内《しきちない》にある大《おお》きなひょうたん形《がた》の池《いけ》には、野鳥《やちょう》が群《む》れていて、工場《こうじょう》で働《はたら》く従業員《じゅうぎょういん》のいこいの場《ば》になっています。

が、夏場《なつば》、渡《わた》り鳥《どり》はほとんどいなくなるので、さみしいという従《じゅう》業員《ぎょういん》の声《こえ》にこたえて、その会社《かいしゃ》が合鴨《あいがも》を飼《か》うようになりました。放《はな》し飼《が》いなので、いなくなる場合《ばあい》もあり、とうとうピースケと名《な》づけられた十二歳《さい》のオスだけになってしまいました。

そこで、二〇二一年《ねん》十二月《がつ》、新《あら》たに一羽《わ》を仲間入《なかまい》りさせました。その合鴨《あいがも》は羽《はね》が白《しろ》いので、アヒルと思《おも》っている人《ひと》もいますが、従業員《じゅうぎょういん》たちから、クニコちゃんとよばれて、かわいがられています。

敷地内《しきちない》の車道《しゃどう》には、「鴨《かも》、横断《おうだん》につき注意《ちゅうい》」の交通標識《こうつうひょうしき》もあります。

社員《しゃいん》の今鉾操《いまぼこみさお》さんは、朝夕《あさゆう》二回《かい》、フードをやりに池《いけ》に行《い》きま

クニコ（右《みぎ》）は従業員《じゅうぎょういん》からかわいがられています。（写真提供《しゃしんていきょう》／今鉾《いまぼこ》さん）

みます。するとほかの野鳥《やちょう》もやってきて、いっしょにフードをついばみます。

それから八か月後《げつご》、二〇二二年《ねん》の八月《がつ》の朝《あさ》のことです。いつものようにフードをやりに池《いけ》に行《い》った今鉾《いまぼこ》さんは、見《み》なれない赤《あか》い羽《はね》の鳥《とり》がいるのに気《き》づきました。こっちにやってきます。今鉾《いまぼこ》さんが近《ちか》づいてみると、それは、なんと、血《ち》にそまったクニコでした。顔《かお》じゅう血《ち》だらけで、上《うえ》くちばしに穴《あな》が開《あ》いていました。おしりの羽《はね》も皮膚《ひふ》ごとかじりとられていました。

びっくりした今鉾《いまぼこ》さんは抱《だ》きかかえて事務所《じむしょ》に連《つ》れて帰《かえ》り、あちこちの動物病院《どうぶつびょういん》へ電話《でんわ》をかけたのですが、

「大《おお》きな鳥《とり》は診《み》ていません。」

と、どこの病院《びょういん》からもことわられました。

やっとのことで、「連《つ》れてきてください。」と言《い》ってくれる動物病《どうぶつびょう》院《いん》にたどりつきました。車《くるま》で四十分《ぷん》かかる相模原市《さがみはらし》にある、みずかみ犬猫鳥《いぬねこどり》の病院《びょういん》です。時間外《じかんがい》の診察《しんさつ》にもかかわらず、対応《たいおう》してくれた院長先生《いんちょうせんせい》によると、

「ハクビシンやイタチなどの野生《やせい》の生《い》き物《もの》におそわれたのだろう。」ということでした。

クニコのけがはひどく、いつ死《し》んでもおかしくない状態《じょうたい》で、助《たす》かるかどうかは、ここ一日《いちにち》、二日《ふつか》の様子《ようす》しだいと言《い》われました。入院《にゅういん》させるとお金《かね》もかかるので、院長先生《いんちょうせんせい》と相談《そうだん》のうえ、会社《かいしゃ》に連《つ》れて帰《かえ》って、従業員《じゅうぎょういん》が看病《かんびょう》することになりました。

会社《かいしゃ》に帰《かえ》ると、今鉾《いまぼこ》さんと同《おな》じ職場《しょくば》の人《ひと》たちが、ケージを用意《ようい》して待《ま》っていました。

獣医師《じゅういし》の指導《しどう》のもと、みんなで休日《きゅうじつ》を返上《へんじょう》して看病《かんびょう》して、見守《みまも》りました。その一方《いっぽう》で、動物病院《どうぶつびょういん》には、毎週連《まいしゅうつ》れていきました。

クニコは、少《すこ》しずつ回復《かいふく》していったものの、かまれたおしりに羽《はね》が生《は》え始《はじ》め、穴《あな》の開《あ》いたくちばしにかさぶたができて、穴《あな》がふさがるまで、二か月近《げっちか》くかかりました。

プラスチックのたらいで水浴《みずあ》びもできるようになったクニコの左《ひだり》足《あし》の向《む》きが、おかしいということに気《き》づいたのはそのころです。診察《しんさつ》の結果《けっか》、脱臼《だっきゅう》していることがわかりました。

院長先生《いんちょうせんせい》は応急処置《おうきゅうしょち》をしながら

「クニコのように大《おお》きな鳥《とり》の足《あし》の脱臼《だっきゅう》は、命取《いのちと》りになることがあるので、装具《そうぐ》を作《つく》ってもらいましょう。」

と提案《ていあん》しました。

院長先生《いんちょうせんせい》から連絡《れんらく》を受《う》け、かけつけたのが、島田《しまだ》さんでした。合鴨《あいがも》の矯正補助器具《きょうせいほじょきぐ》を作《つく》るのは、初《はじ》めてです。院長先生《いんちょうせんせい》から症状《しょうじょう》を聞《き》きながら、どういう装具《そうぐ》を作《つく》ればいいか考《かんが》えつつ、足《あし》の寸法《すんぽう》を細《こま》かく測《はか》り、型《かた》をとりました。十一月《がつ》のことです。

二週間後《しゅうかんご》、装具《そうぐ》ができてきました。

島田《しまだ》さんは、ガーゼをはさんだりしてクニコの足《あし》に合《あ》うように調節《ちょうせつ》して帰《かえ》ったのですが、いつのまにか装具《そうぐ》が外《はず》れてしまいました。

二作目《さくめ》は、病院《びょういん》ではうまく歩《ある》けていたのですが、工場内《こうじょうない》の段差《だんさ》を上《のぼ》ろうとして外《はず》れました。

島田《しまだ》さんは、装具《そうぐ》が外《はず》れたときの状態《じょうたい》を聞《き》き出《だ》し、ああでもない、こうすればきっとと、形《かたち》、素材《そざい》、留《と》め具《ぐ》などあれこれ考《かんが》えて改《かい》良《りょう》をくりかえしました。

装具《そうぐ》を足《あし》に取《と》り付《つ》けることはできても、脱臼《だっきゅう》する力《ちから》のほうが強《つよ》くて、数日《すうじつ》で装具《そうぐ》が外《はず》れてしまうのです。かといって、しめつけすぎでは、血流《けつりゅう》をとめてしまいます。ミリ単位《たんい》で幅《はば》を広《ひろ》げたり、とめる位置《いち》を工夫《くふう》したり、改良《かいりょう》に改良《かいりょう》を重《かさ》ねました。

このころには、従業員《じゅうぎょういん》がつきそって、散歩《さんぽ》をさせていました。散歩後《さんぽご》、事務所内《じむしょない》のケージにもどすのは、クニコにとってストレ

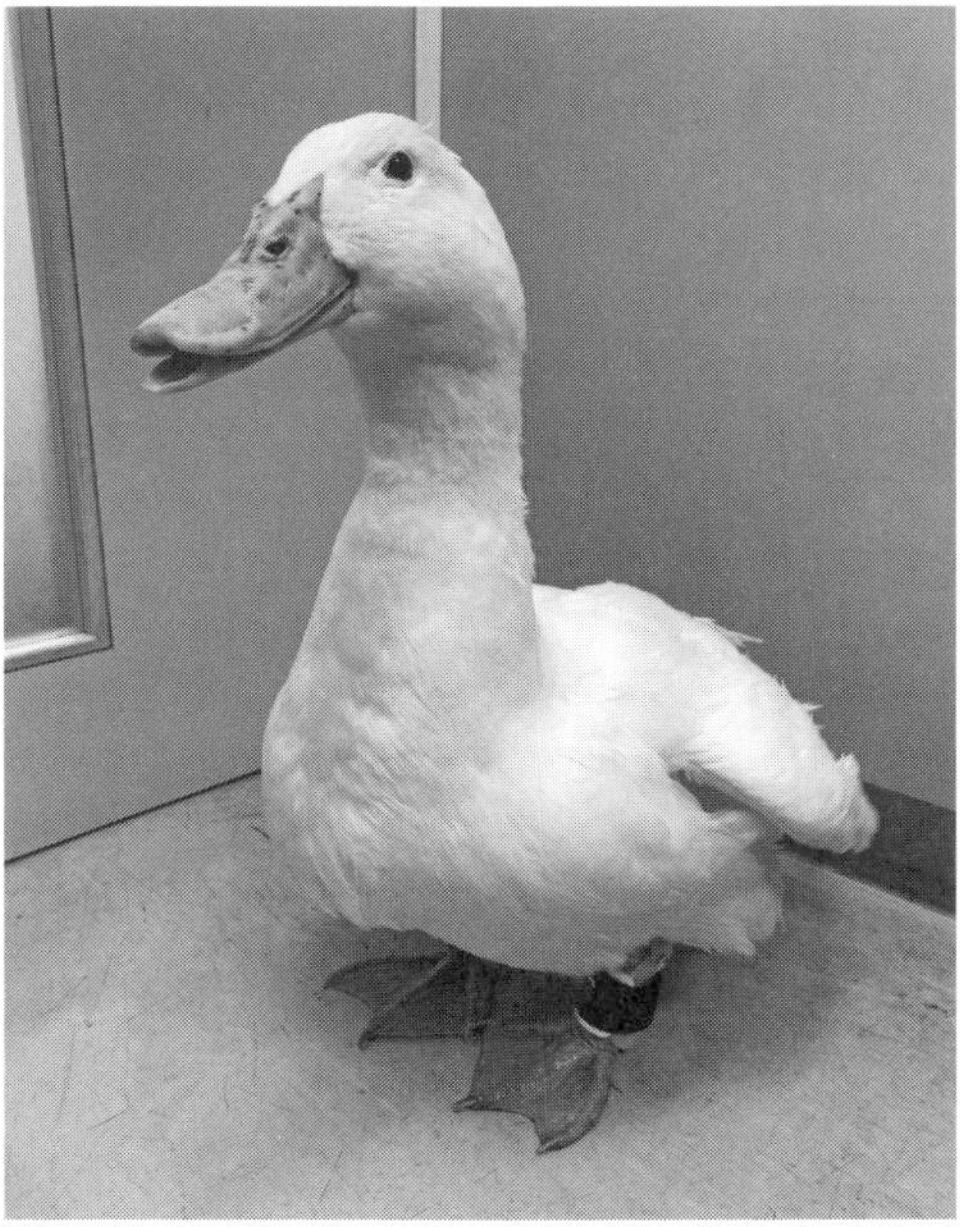

〈写真《しゃしん》上《うえ》〉従業員《じゅうぎょういん》たちが、クニコ専用《せんよう》のケージを準備《じゅんび》しました。〈写真《しゃしん》下《した》〉装具《そうぐ》をつけたクニコ。

（写真《しゃしん》提供《ていきょう》／今鉾《いまぼこ》さん）

スになるだろうと、ピースケのいる池《いけ》のふちに、大《おお》きなケージが作《つく》られ、設置《せっち》されました。

（早《はや》く池《いけ》で、自由《じゆう》に泳《およ》がせてやりたい。）

全従業員《ぜんじゅうぎょういん》の思《おも》いをたくされて、車《くるま》で往復約《おうふくやく》一時間半《じかんはん》もかかる動物《どうぶつ》病院《びょういん》へ月《つき》に数回《すうかい》、クニコを連《つ》れていく今鉾《いまぼこ》さんの熱意《ねつい》と、同《おな》じ思《おも》いで、工夫《くふう》をし続《つづ》けた島田《しまだ》さんの努力《どりょく》が実《み》を結《むす》ぶ日《ひ》が、とうとうやってきました。

二〇二三年《ねん》五月《がつ》、やっとクニコにぴったりの矯正補助器具《きょうせいほじょきぐ》が完成《かんせい》したのです。

なんと九回目《かいめ》のチャレンジです。

どうやら、今回《こんかい》は外《はず》れません。うまくいきそうです。

歩《ある》くことで足《あし》に筋力《きんりょく》が付《つ》くことでしょう。装具《そうぐ》を外《はず》して歩《ある》けるようになれば、ピースケといっしょに、池《いけ》で泳《およ》ぐ日《ひ》がくるのです。従業員《じゅうぎょういん》たちも、見守《みまも》りながら、その日《ひ》を待《ま》っていました。

ところが、七月《がつ》のある日《ひ》、クニコが左足《ひだりあし》を気《き》にしているのに、今鉾《いまぼこ》さんは気《き》づきました。装具《そうぐ》をつけた左足《ひだりあし》を地面《じめん》につけていません。今鉾《いまぼこ》さんは、クニコをかかりつけの、みずかみ犬猫鳥《いぬねことり》の病院《びょういん》に連《つ》れていきました。

島田《しまだ》さんもかけつけ、装具《そうぐ》の具合《ぐあい》を調《しら》べ、けずったり曲《ま》げたり、調整《ちょうせい》したりしました。そのおかげで、足《あし》をついて歩《ある》くことができました。それで、じゅうぶんだったのですが、十月《がつ》になって、島田《しまだ》さんは、クニコのために新《あたら》しい装具《そうぐ》を製作《せいさく》しました。

島田《しまだ》さんは、クニコが、日《ひ》ごろ、どんなところでどのように過《す》ごしているか、様子《ようす》を見《み》てみたいと思《おも》いました。そこで、院長先生《いんちょうせんせい》の了解《りょうかい》をもらったうえで、十作目《さくめ》の装具《そうぐ》を持《も》って、直接《ちょくせつ》、工場《こうじょう》を訪《おとず》れました。

その後《ご》、新《あたら》しい装具《そうぐ》がクニコの暮《く》らしに合《あ》っているか確認《かくにん》するため、島田《しまだ》さんは、もう一回《いっかい》、工場《こうじょう》を訪《おとず》れました。なんの問題《もんだい》もありませんでした。

二〇二三年《ねん》十二月《がつ》、クニコが、池《いけ》にもどる日《ひ》がやってきました。ピースケや野生《やせい》の鴨《かも》たちと仲良《なかよ》く泳《およ》ぐ姿《すがた》を見《み》て、今鉾《いまぼこ》さんも、島田《しまだ》さんも、よかったと思《おも》いました。

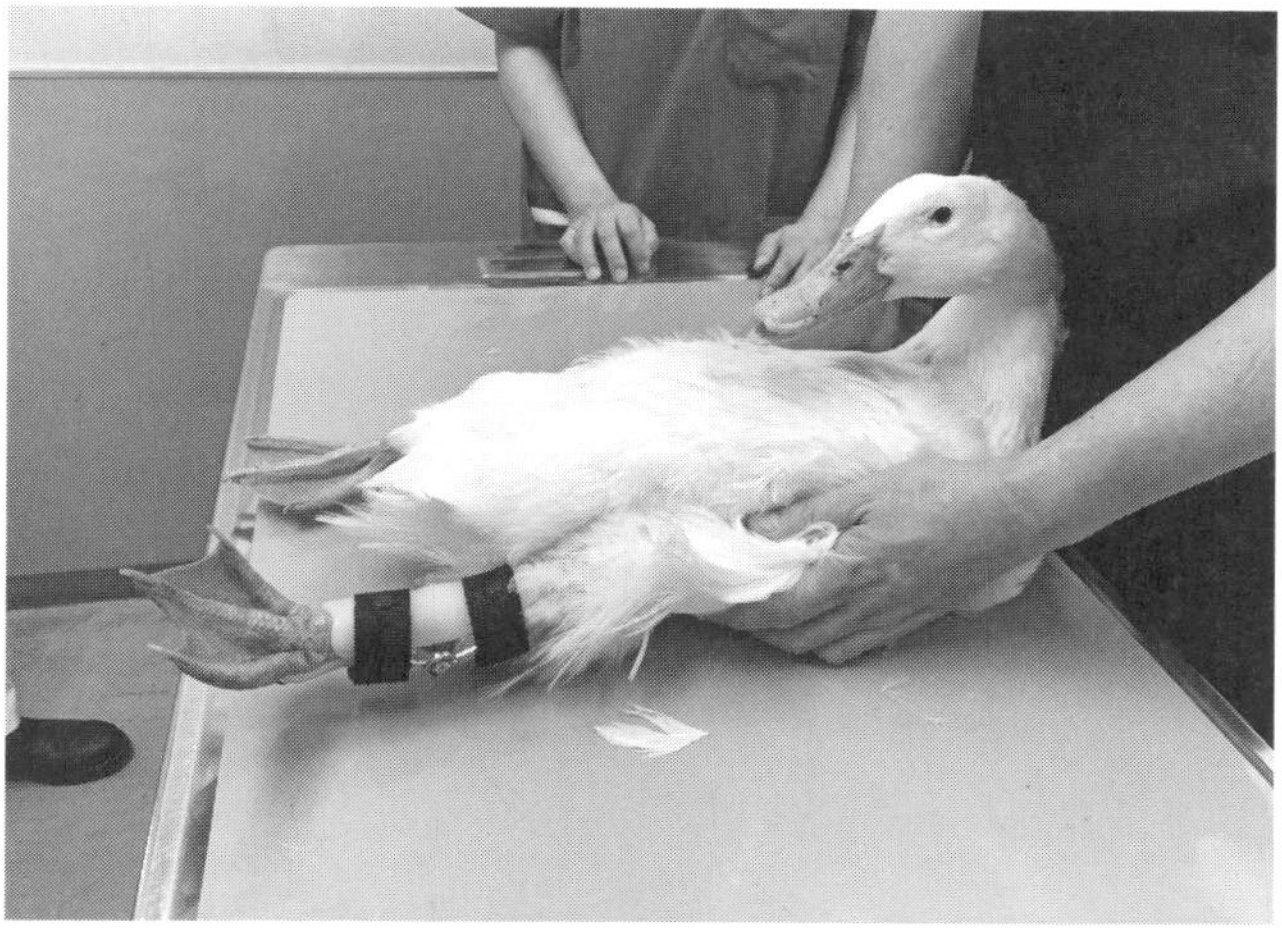

〈写真上《しゃしんうえ》〉 クニコの装具《そうぐ》は10回《かい》も改良《かいりょう》を重《かさ》ねました。（写真提供《しゃしんていきょう》／島田《しまだ》さん）
〈写真下《しゃしんした》〉 2023年《ねん》12月《がつ》、ついにクニコがふたたび泳《およ》げるように。
（写真提供《しゃしんていきょう》／今鉾《いまぼこ》さん）

二〇二四年《ねん》二月現在《がつげんざい》、クニコは朝《あさ》から池《いけ》で泳《およ》ぎ、夕方《ゆうがた》、ごはんのタイミングでケージにもどされています。安全《あんぜん》のためです。

昨今《さっこん》、ハクビシンやアライグマ、イタチなどの野生動物《やせいどうぶつ》がペットをおそう事件《じけん》が増《ふ》えているそうです。

「屋外《おくがい》でペットを飼《か》うと、野生動物《やせいどうぶつ》におそわれる危険《きけん》があることを、この機会《きかい》に知《し》ってほしい。」

と、クニコを診《み》てくださった、みずかみ犬猫鳥《いぬねことり》の病院《びょういん》の院長先生《いんちょうせんせい》はおっしゃいました。

5 ペンギン・てーと銀《ぎん》

二〇二四年《ねん》四月現在《がつげんざい》、しまね海洋館《かいようかん》アクアスには、四種類《しゅるい》のペンギンが六十六羽《わ》います。その中《なか》の一羽《わ》フンボルトペンギンの、てー（メス）は、二〇一三年《ねん》三月《がつ》にこの海洋館《かいようかん》で孵化《ふか》し（生《う》まれ）ました。

順調《じゅんちょう》に育《そだ》っていると思《おも》われていたのですが、生後《せいご》一か月《げつ》で開脚症《かいきゃくしょう》と診断《しんだん》されました。開脚症《かいきゃくしょう》というのは、足《あし》が開《ひら》いてしまう症状《しょうじょう》で、ひどくなると、歩《ある》くことができなくなります。

てーは、一度治療《どちりょう》を受《う》けたおかげで歩《ある》けていたのですが、八歳《さい》になったころ、症状《しょうじょう》が悪化《あっか》しました。

なんとかしてやれないものかと考《かんが》えあぐねていた飼育員《しいくいん》・田邉《たなべ》建人《けんと》さんは、テレビで島田《しまだ》さんのことを知《し》りました。

二〇二二年《ねん》一月《がつ》、ことわられるのを覚悟《かくご》で連絡《れんらく》したところ、島田《しまだ》さんは、東京都町田市《とうきょうとまちだし》から島根県浜田市《しまねけんはまだし》にある、しまね海洋館《かいようかん》アクアスまで来《き》てくれました。

開脚症《かいきゃくしょう》の、てーの装具《そうぐ》を作《つく》るために、島田《しまだ》さんは寸法《すんぽう》を測《はか》りながら、

「趾瘤症《しりゅうしょう》のペンギンはいませんか?」

とたずねました。というのは、かつて、趾瘤症《しりゅうしょう》のペンギンの補助具《ほじょぐ》を作《つく》ったことがあったからです。

趾瘤症《しりゅうしょう》というのは、飼育《しいく》されている鳥類《ちょうるい》で多《おお》く見《み》られる症状《しょうじょう》です。足《あし》の裏《うら》にタコができ、痛《いた》みがあります。タコから細菌《さいきん》が入《はい》り、感《かん》

染《せん》を引《ひ》き起《お》こすと、最悪《さいあく》の場合《ばあい》、死《し》にいたることもあるそうです。

趾瘤症《しりゅうしょう》にかかっていたキタイワトビペンギンの銀《ぎん》（オス・推定《すいてい》二十五歳《さい》）は、島田《しまだ》さんに補助具《ほじょぐ》（くつ）を作《つく》ってもらいました。

くつは、飼育員《しいくいん》の目《め》が行《い》きとどかない夜間《やかん》はぬがせています。何《なに》かのひょうしにくつがぬげて、ペンギンがあやまって飲《の》みこんだり、なくなったりしたらこまるか

足《あし》に装具《そうぐ》をつけた銀《ぎん》。

（写真提供《しゃしんていきょう》／しまね海洋館《かいようかん》アクアス）

らです。

くつをはくことで、銀《ぎん》の足《あし》の裏《うら》は守《まも》られています。足《あし》の痛《いた》みがやわらいだのか、銀《ぎん》は、ほかのペンギンといっしょに歩《ある》き回《まわ》っています。ガラス越《ご》しに見《み》ることができるので、お客《きゃく》さんは写真《しゃしん》を撮《と》ったり、間近《まぢか》で興味深《きょうみぶか》そうに観察《かんさつ》している人《ひと》もいます。

装具《そうぐ》をつけているペンギンを見《み》て、「痛《いた》そうだ。」「かわいそうだ。」と思《おも》う人《ひと》もいるかもしれませんが、そうではありません。飼《し》育員《いくいん》の田邉《たなべ》さんは、こう話《はな》してくれました。

「生《い》き物《もの》を飼育《しいく》していると、中《なか》には病気《びょうき》になったり、思《おも》いがけない症状《しょうじょう》が出《で》たりすることがあります。治療法《ちりょうほう》が確立《かくりつ》されていないケースにはとまどいながらも、どうすれば少《すこ》しでもよい状態《じょうたい》になるのか、いろいろな分野《ぶんや》から情報《じょうほう》を集《あつ》めて、最善《さいぜん》の対応《たいおう》ができるように、取《と》り組《く》んでいます。今回《こんかい》、島田《しまだ》さんは、とつぜん電話《でんわ》をかけたにもかかわらず、飛《と》んできてくれたうえ、ほかのペンギンにも気《き》を配《くば》っていただいて、とても心強《こころづよ》く思《おも》いました。」

島田《しまだ》さんは、田邉《たなべ》さんたちの思《おも》いを受《う》け止《と》め、開脚症《かいきゃくしょう》のペンギン・てーの日々《ひび》がよりよくなるように、引《ひ》き続《つづ》き、装具《そうぐ》の改良《かいりょう》を重《かさ》ねています。

胸《むね》の前《まえ》に体《からだ》を支《ささ》える装具《そうぐ》をつけた、てー。
(写真提供《しゃしんていきょう》/しまね海洋館《かいようかん》アクアス)

6 秋田犬《あきたいぬ》のスバルの義足《ぎそく》

神奈川県在住《かながわけんざいじゅう》の横尾志保《よこおしほ》さんが飼《か》っている秋田犬《あきたいぬ》のつくしは、二〇二〇年《ねん》九月《がつ》、七匹《ひき》の赤《あか》ちゃんを産《う》みました。

犬《いぬ》の妊娠期間《にんしんきかん》は、約《やく》二か月《げつ》といわれています。そのため、予定《よてい》よりたった九日《ここのか》早《はや》く生《う》まれただけでも、おなかの赤《あか》ちゃんにとっては、たいへん危険《きけん》なことで、生《う》まれた七匹《ひき》のうち三匹《びき》は、すでに死《し》んでいました。生《い》きて生《う》まれた四匹《ひき》のうちの二匹《ひき》も、残念《ざんねん》なことに数日《すうじつ》で命《いのち》がつきました。

生《い》き残《のこ》った二匹《ひき》の赤《あか》ちゃん犬《いぬ》は、わずか二百グラム（ふつうの赤《あか》ちゃんの半分以下《はんぶんいか》）しかありませんでした。そのうちの一匹《ぴき》の左《ひだり》うしろ足《あし》は、**チアノーゼ**[*]で青紫色《あおむらさきいろ》に変色《へんしょく》していました。

「この子《こ》の足《あし》は壊死《えし》して（細胞《さいぼう》が死《し》んで）いくかもしれません……。」

と、獣医師《じゅういし》に言《い》われました。

（命《いのち》だけは、なんとか助《たす》かってほしい。）

志保《しほ》さんは、赤《あか》ちゃん犬《いぬ》にスバルとコマチと名《な》づけ、必死《ひっし》に看護《かんご》しました。お母《かあ》さん犬《いぬ》のつくしも、大切《たいせつ》そうに二匹《ひき》の赤《あか》ちゃん犬《いぬ》のめんどうをみていました。

そのかいあって、命《いのち》をあやぶまれていたスバル（オス）とコマチ

***チアノーゼ**　血液中《けつえきちゅう》の酸素《さんそ》が不足《ふそく》することで、指先《ゆびさき》などの皮膚《ひふ》や粘膜《ねんまく》が青紫色《あおむらさきいろ》に変化《へんか》した状態《じょうたい》。

（メス）は、日《ひ》に日《ひ》に大《おお》きくなっていきました。

でも、スバルは、獣医師《じゅういし》の言葉《ことば》どおり、左《ひだり》うしろ足《あし》の肉球《にくきゅう》とその少《すこ》し上《うえ》の部分《ぶぶん》を失《うしな》ってしまいました。

そのせいで、左右《さゆう》のうしろ足《あし》の長《なが》さがちがってしまいました。それでも元気《げんき》に走《はし》り回《まわ》っていました。しかし、生後《せいご》六か月《げつ》になると体重《たいじゅう》が二十キロになり、三本足《ぼんあし》では体《からだ》を支《ささ》えられないのか、歩《ある》きにくそうな様子《ようす》を見《み》せるようになりました。

散歩《さんぽ》に行《い》っても、おしっこをしたあとすわりこんで、歩《ある》かなくなることもありました。傷《きず》のある足《あし》を直接《ちょくせつ》地面《じめん》につけると、痛《いた》いのかもしれません。

そんなとき、犬友《いぬとも》だちの一人《ひとり》が、

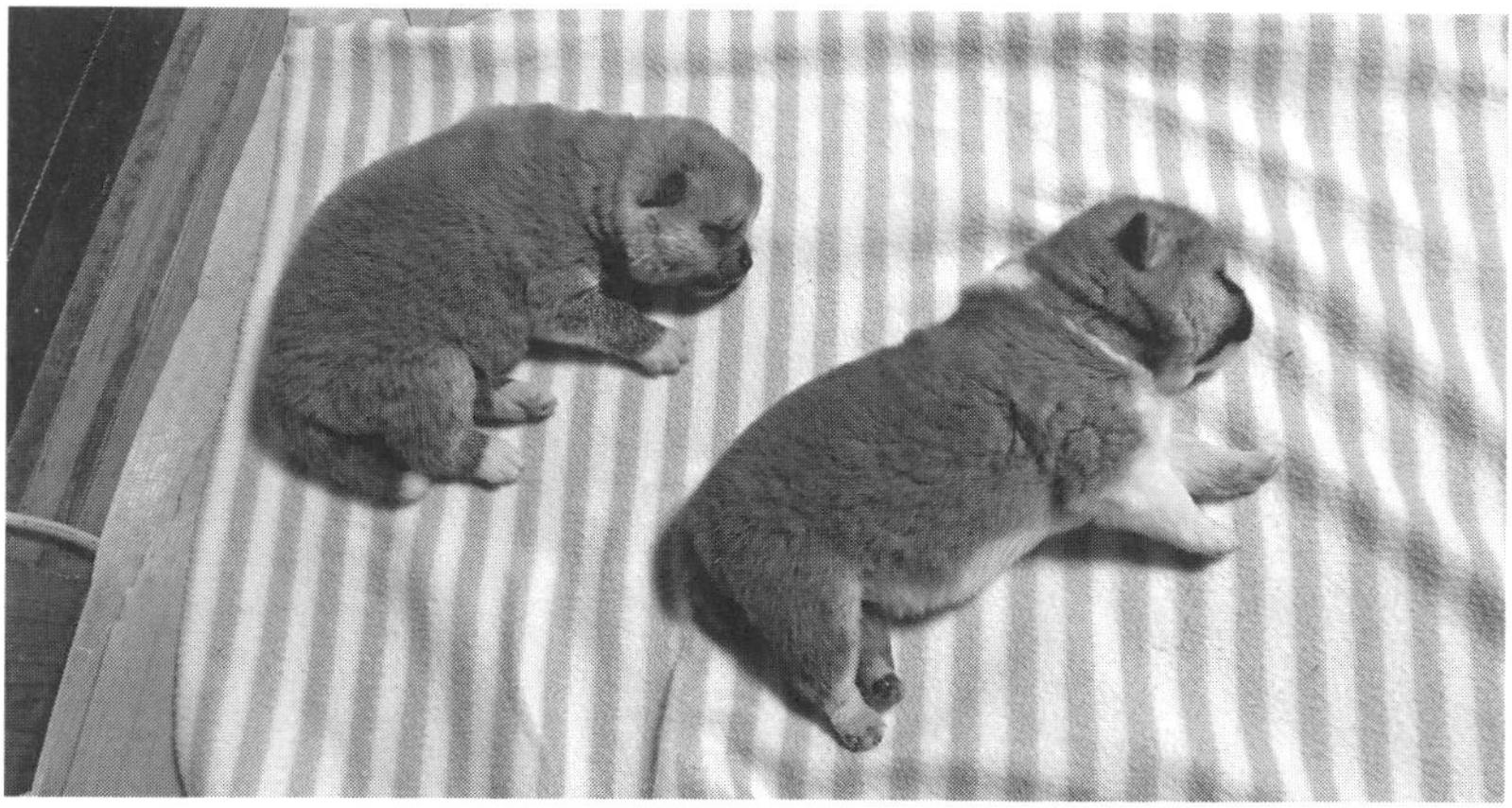

〈写真上《しゃしんうえ》〉コマチ（左《ひだり》）とスバル（右《みぎ》）。スバルの左《ひだり》のうしろ足《あし》は色《いろ》が変《か》わっていました。〈写真下《しゃしんした》〉お母《かあ》さん犬《いぬ》のつくしからお乳《ちち》をもらうコマチ（左《ひだり》）とスバル（右《みぎ》）。

（写真提供《しゃしんていきょう》／横尾《よこお》さん）

「テレビで見《み》たけれど、犬《いぬ》の義足《ぎそく》を作《つく》っている人《ひと》がいるよ。」

と教《おし》えてくれました。パソコンでネット検索《けんさく》して、島田旭緒《しまだあきお》さんのことだとわかりました。

すぐに連絡《れんらく》をとったところ、

「義足《ぎそく》を作《つく》るのなら、まず、獣医《じゅうい》さんの診察《しんさつ》を受《う》けてください。」

と、島田《しまだ》さんは言《い》いました。理由《りゆう》は、

「薬局《やっきょく》が薬《くすり》を出《だ》すときに医師《いし》の処方箋《しょほうせん》が必要《ひつよう》なように、わたしが、その子《こ》の症状《しょうじょう》に合《あ》った義足《ぎそく》を作《つく》るためには、獣医《じゅうい》さんの診断《しんだん》がいるのです。」

ということでした。

志保《しほ》さんは、なるほどと思《おも》い、かかりつけの動物病院《どうぶつびょういん》に診察《しんさつ》の予《よ》約《やく》を入《い》れました。

動物病院《どうぶつびょういん》でレントゲンを撮《と》ってもらった結果《けっか》、スバルのうしろ足《あし》の骨《ほね》の長《なが》さは、左右《さゆう》で十一センチもちがうことがわかりました。ほんの数《すう》センチの差《さ》だと思《おも》っていた志保《しほ》さんは、おどろきました。

どんな義足《ぎそく》ができあがってくるか、志保《しほ》さんは楽《たの》しみでもあり、不安《ふあん》でもありました。というのも、今《いま》までに犬用《いぬよう》のくつをはかせたことがあるのですが、スバルは気《き》に入《い》らないのか、けとばすようにぬいでしまっていたからです。

できあがってきたくつのようなタイプの義足《ぎそく》は、高《たか》さが八、九センチある円柱形《えんちゅうけい》のものでした。上下《じょうげ》に分《わ》かれ、面《めん》ファスナーで三か所《しょ》をとめるようになっていました。

早速《さっそく》スバルにはかせて歩《ある》かせてみると、ぐぎっと足《あし》をひねりそうになったので、島田《しまだ》さんは、義足《ぎそく》の底《そこ》の幅《はば》を少《すこ》し広《ひろ》く作《つく》りかえることにしました。

重《おも》い体《からだ》を支《ささ》えられるように、内側《うちがわ》の留《と》め金《がね》の部分《ぶぶん》には、人間《にんげん》のひじの装具《そうぐ》に使《つか》うじょうぶな金属《きんぞく》を使《つか》い、外側《そとがわ》の部分《ぶぶん》は、人間《にんげん》の足首《あしくび》に使《つか》うものよりじょうぶな金属《きんぞく》を使《つか》って改良《かいりょう》しました。

三回目《かいめ》のフィッティングで、義足《ぎそく》はスバルの足《あし》にぴったり合《あ》いました。スバルはまったくいやがらず、すたすた歩《ある》きだしました。

毎日《まいにち》、散歩《さんぽ》に出《で》かけることで、少《すこ》しずつ足《あし》に筋力《きんりょく》がついていきました。

志保《しほ》さんが感動《かんどう》したのは、スバルが散歩中《さんぽちゅう》におしっこをするときに、義足《ぎそく》の左《ひだり》うしろ足《あし》を軸《じく》にして、右《みぎ》うしろ足《あし》をあげてしたことです。

（義足《ぎそく》を信頼《しんらい》している。）

島田《しまだ》さんが製作《せいさく》した義足《ぎそく》は、もう、足《あし》の一部《いちぶ》になっています。

左《ひだり》うしろ足《あし》に体重《たいじゅう》をかけて、おしっこできるように。
（写真提供《しゃしんていきょう》／横尾《よこお》さん）

散歩《さんぽ》は、一日《いちにち》に最低《さいてい》三回《かい》。少《すく》ないときでも三十分《ぷん》は歩《ある》くので、義《ぎ》足《そく》の底《そこ》のゴムはよくすりへります。島田《しまだ》さんはそのたび、こころよく、無料《むりょう》で直《なお》してくれました。申《もう》し訳《わけ》なく思《おも》った志保《しほ》さんは、二〇二〇年、予備《よび》の義足《ぎそく》をもう一足作《そくつく》ってもらうことにしました。スバルの体重《たいじゅう》は三十四キロになっていました。

スバルは休憩《きゅうけい》するとき、義足《ぎそく》をはいたほうの足《あし》を下《した》にしています。

「行《い》くよ、スバル。」

と志保《しほ》さんが声《こえ》をかけると、スバルは自力《じりき》ですばやく立《た》ち上《あ》がることができます。

スバルは、義足《ぎそく》とくつした（すれないためにはいている布製《ぬのせい》）を

散歩中《さんぽちゅう》に休憩《きゅうけい》するときには、義足《ぎそく》をはいている足《あし》を下《した》にしています。
（写真提供《しゃしんていきょう》／横尾《よこお》さん）

ぬがせてもらうと、足《あし》をなめまわします。まるで、

（今日《きょう》も、がんばったね。えらい、えらい、ぼくの足《あし》。）

とでも言《い》うように。

現在《げんざい》、スバルは、かかりつけのアリイ動物病院《どうぶつびょういん》の渡部院長《わたなべいんちょう》に全身《ぜんしん》のケアと、義足《ぎそく》の状態《じょうたい》をチェックしてもらっています。

義足《ぎそく》とくつしたをはずすと、足《あし》をなめまわします。

（撮影《さつえい》／筆者《ひっしゃ》）

7 手術《しゅじゅつ》より補助装具《ほじょそうぐ》を

トイ・プードルのファティマ（メス）は、生後《せいご》七か月《げつ》でレッグペルテス病《びょう》にかかりました。

レッグペルテス病《びょう》とは、小型犬《こがたけん》によく起《お》こる病気《びょうき》で、太《ふと》ももの骨《こっ》*頭《とう》部分《ぶぶん》に血液《けつえき》が流《なが》れなくなり、放《ほう》っておくと、変形《へんけい》や壊死《えし》・骨折《こっせつ》などの障害《しょうがい》を起《お》こしてしまうものです。

そうならないように、飼《か》い主《ぬし》の森口《もりぐち》さん夫妻《ふさい》（大阪府池田市在《おおさかふいけだしざい》住《じゅう》）は、ファティマに、MR《エムアール》検査《けんさ》やCT《シーティー》スキャンなどの精密検査《せいみつけんさ》を

*骨頭《こっとう》　骨《ほね》の先端《せんたん》にある、球《たま》のようになっている部分《ぶぶん》。

受《う》けさせて、気《き》をつけていました。

そして、さまざまな障害《しょうがい》が起《お》こる前《まえ》に、ファティマの右《みぎ》うしろ足《あし》の骨頭《こっとう》をとる手術《しゅじゅつ》を受《う》けさせました。

手術後《しゅじゅつご》は、ファティマの病気《びょうき》についてよりくわしく調《しら》べ、右《みぎ》うしろ足《あし》に負担《ふたん》がかからないように大切《たいせつ》に育《そだ》ててきました。

ファティマは、脊髄空洞症《せきずいくうどうしょう》という病気《びょうき》にもかかっていたのですが、そのせいで、年《とし》を重《かさ》ねるにつれて、足《あし》をふんばる力《ちから》がおとろえ、しっかり立《た》つことができなくなりました。

ファティマは、すでにたくさん薬《くすり》を飲《の》んできました。小《ちい》さな体《からだ》のファティマに、これ以上薬《いじょうくすり》の量《りょう》を増《ふ》やすことはできないと、森口《もりぐち》さん夫妻《ふさい》は思《おも》いました。

十二歳《さい》というファティマの年齢《ねんれい》や状態《じょうたい》を考《かんが》えると体《からだ》に負担《ふたん》をかけるので、もう手術《しゅじゅつ》を受《う》けさせたくありません。

薬《くすり》を増《ふ》やしたり、手術《しゅじゅつ》する以外《いがい》にも治療方法《ちりょうほうほう》があるのではないかと思《おも》った森口《もりぐち》さん夫妻《ふさい》は、二〇二三年《ねん》四月《がつ》、京都府《きょうとふ》にあるKyotoAR《きょうとエーアール》動物高度医療《どうぶつこうどいりょう》センターで、**セカンドオピニオン**[*]としての診療《しんりょう》を受《う》けました。

植村獣医師《うえむらじゅういし》は診察《しんさつ》して、ファティマの病状《びょうじょう》を確認《かくにん》しました。

①脊髄空洞症《せきずいくうどうしょう》（脊髄《せきずい》の病気《びょうき》）。

②右股関節《みぎこかんせつ》レッグペルテス病《びょう》（手術済《しゅじゅつず》み）。

＊セカンドオピニオン　かかりつけの医療機関《いりょうきかん》以外《いがい》の医師《いし》に病気《びょうき》の診断《しんだん》や治療方針《ちりょうほうしん》について意見《いけん》を求《もと》めること。

③左《ひだり》まえ足《あし》の肩《かた》・手《て》の付《つ》け根《ね》の不安定症《ふあんていしょう》。
④左《ひだり》うしろ足《あし》のひざのお皿《さら》の亜脱臼《あだっきゅう》。
これらの症状《しょうじょう》を把握《はあく》したうえで、植村獣医師《うえむらじゅういし》は、補助装具《ほじょそうぐ》をつける方法《ほうほう》を森口《もりぐち》さん夫妻《ふさい》にすすめました。

「装具《そうぐ》でファティマちゃんの不安定《ふあんてい》な足《あし》を支《ささ》えることで、歩行《ほこう》を助《たす》けるものです。」

森口《もりぐち》さん夫妻《ふさい》は、

「そんな方法《ほうほう》があるならぜひに。」

と、お願《ねが》いすることにしました。

植村獣医師《うえむらじゅういし》は島田《しまだ》さんに電話《でんわ》をして、ファティマの症状《しょうじょう》を話《はな》し、装具《そうぐ》を作《つく》ることを依頼《いらい》しました。

二〇二三年《ねん》五月《がつ》、島田《しまだ》さんは、京都府《きょうとふ》にある医療《いりょう》センターでファティマに会《あ》いました。

ファティマは、体重《たいじゅう》二キロの小《ちい》さな体《からだ》で、がんばって立《た》ち上《あ》がろうとしましたが、足《あし》に力《ちから》が入《はい》らないのか、よろけてすわりこんでしまいました。

森口《もりぐち》さん夫妻《ふさい》に、ファティマの日《ひ》ごろの様子《ようす》をくわしく聞《き》いたところ、ファティマは、うしろ足《あし》があがらなくなっていました。そのせいで、やっと立《た》ち上《あ》がっても、ナックリングという症状《しょうじょう》で、うしろ足《あし》の甲《こう》や爪《つめ》を地面《じめん》につけて引《ひ》きずっていました。

そんなファティマを足《あし》の裏《うら》でしっかり立《た》ち上《あ》がらせて、歩《ある》かせるには、どうすればいいのでしょう。

弱《よわ》っている箇所《かしょ》をしっかり保護《ほご》しつつも、ファティマの年齢《ねんれい》も考《かんが》えて、体《からだ》に負担《ふたん》のかからない装具《そうぐ》を作《つく》らなくてはなりません。

島田《しまだ》さんは、これから作《つく》る装具《そうぐ》をイメージしつつ、ファティマの小《ちい》さくて細《ほそ》い足《あし》や体《からだ》のあちこちのサイズをていねいに測《はか》りました。


一か月後《げつご》の六月《がつ》。できあがった装具《そうぐ》を持《も》って、島田《しまだ》さんは医療《いりょう》センターに行《い》きました。

診察台《しんさつだい》の上《うえ》で島田《しまだ》さんが装具《そうぐ》をつけると、それまでよろけて立《た》ち上《あ》がれなかったファティマが、自力《じりき》で立《た》ち上《あ》がりました。

床《ゆか》に下《お》ろしてみました。

「ファティマ、こっち。おいで。」

大好《だいす》きなご主人《しゅじん》のよびかけに、ファティマはそばに行《い》こうと、しっかりした足取《あしど》りで、歩《ある》きだしました。

「おーっ、すごい。」

おどろく森口《もりぐち》さん夫妻《ふさい》を、植村獣医師《うえむらじゅういし》も、島田《しまだ》さんも笑顔《えがお》で見《み》守《まも》っています。

「装具《そうぐ》は、ファティマちゃんに負担《ふたん》がかからないように、とても軽《かる》い素材《そざい》で作《つく》っています。」

装具《そうぐ》は三つの部分《ぶぶん》に分《わ》かれていて、つける順番《じゅんばん》が決《き》まっています。島田《しまだ》さんがつけながら、説明《せつめい》しました。

「最初《さいしょ》に、ナックリングのため自分《じぶん》で支《ささ》えられなくなったうしろ足《あし》をサポートします。この部分《ぶぶん》はしっかりとめてください。そして、次《つぎ》にまえ足《あし》をサポートします。その次《つぎ》に足《あし》が開《ひら》きすぎないようにするためのストッパーをつけるのですが、腰《こし》をふくめ体全体《からだぜんたい》を支《ささ》えるベルトと一体《いったい》になっています。これは、ゆるめにつけてだいじょうぶです。さあ、つけてみてください。」

緊張《きんちょう》する森口《もりぐち》さん夫妻《ふさい》に、島田《しまだ》さんは、手《て》を貸《か》します。

「そこは、ぐらつかないように密着《みっちゃく》させてください。そこはもう少《すこ》し上《うえ》に。そうです、おじょうずです。それではもう一度《いちど》、こんどは一人《ひとり》で練習《れんしゅう》しましょう。奥《おく》さんは、ビデオを撮《と》ってください。」

一度《いちど》つけると、基本《きほん》つけっぱなしでだいじょうぶ。むれたり、血液《けつえき》の流《なが》れが悪《わる》くなったりしないように工夫《くふう》されています。

美容院《びよういん》に行《い》ったり、家《いえ》でシャンプーするときは、外《はず》すことになる

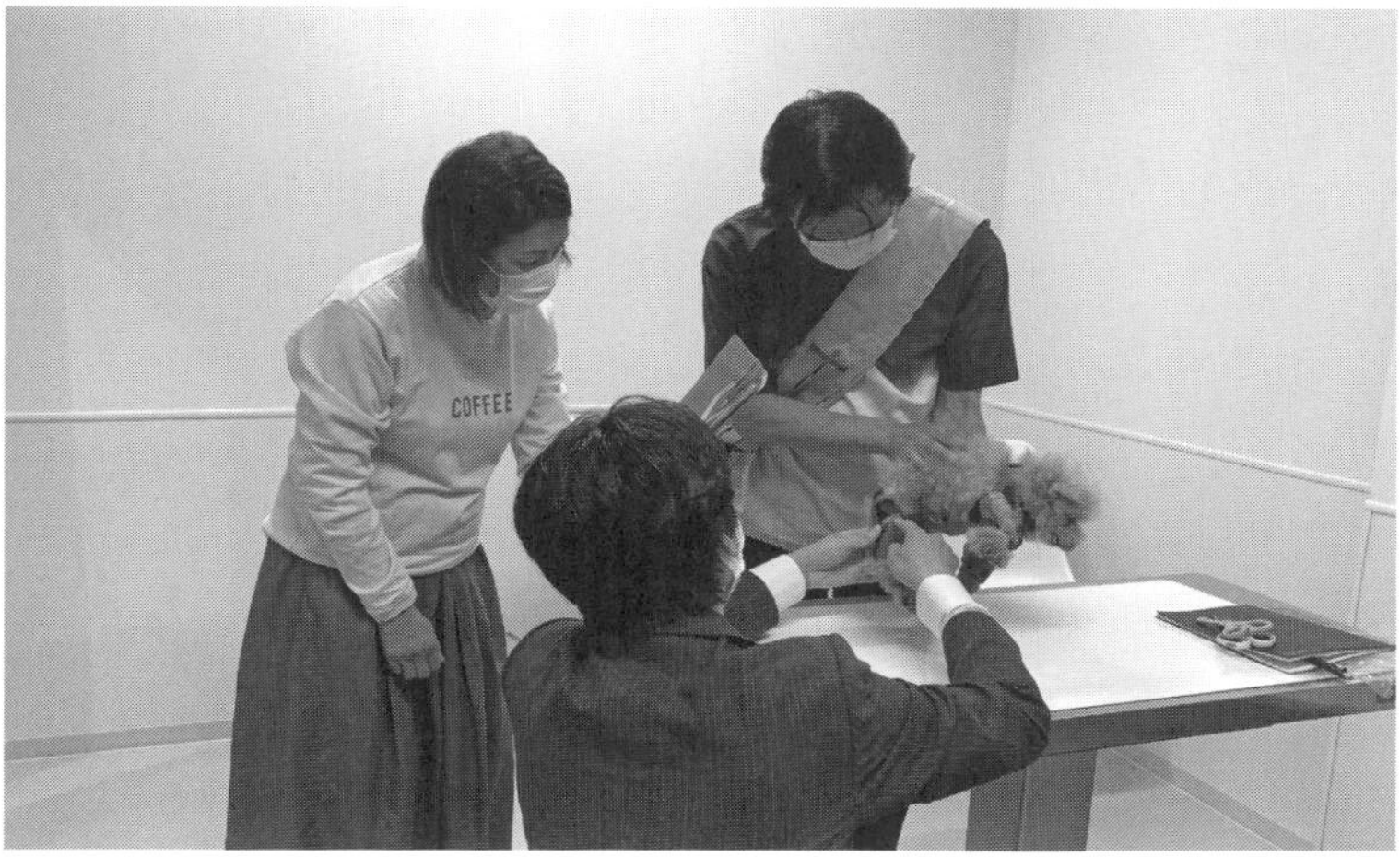

島田《しまだ》さん（写真手前《しゃしんてまえ》）が装具《そうぐ》のつけかたを説明《せつめい》してくれるので、やりかたを忘《わす》れないように、録画《ろくが》します。　（撮影《さつえい》／筆者《ひっしゃ》）

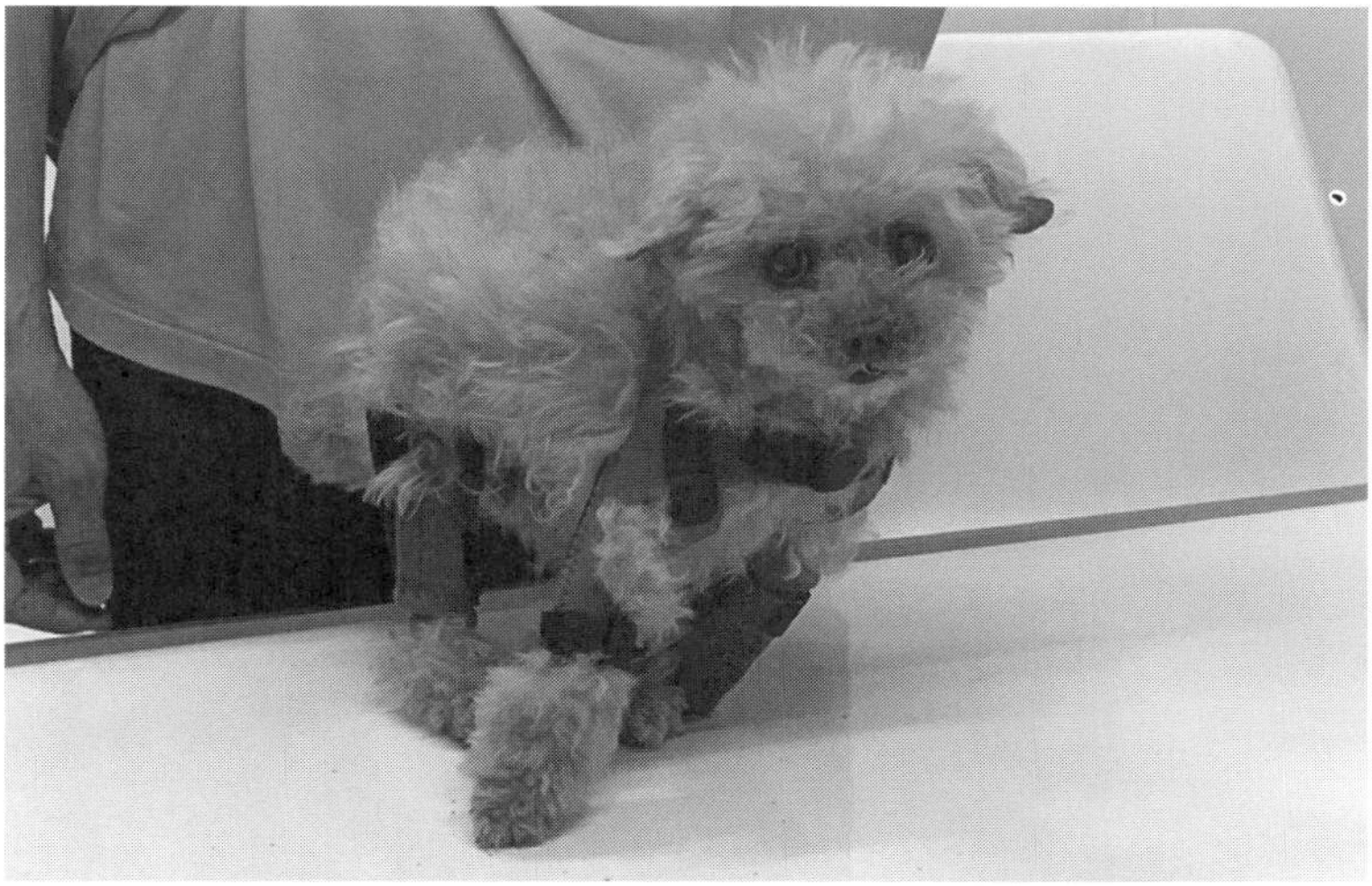

装具《そうぐ》をつけたファティマ。歩《ある》けました！　（撮影《さつえい》／筆者《ひっしゃ》）

ので、つける順番《じゅんばん》を間違《まちが》えないようにビデオで撮《と》っておくことが大《たい》切《せつ》です。

「何《なに》か問題《もんだい》があれば、植村先生《うえむらせんせい》に連絡《れんらく》してください。植村先生《うえむらせんせい》が医《い》学的《がくてき》な観点《かんてん》から問題点《もんだいてん》を解決《かいけつ》できる方法《ほうほう》を、わたしに指示《しじ》してくださるので、それをもとに補正《ほせい》します。」

植村獣医師《うえむらじゅういし》は、うなずきながら、森口《もりぐち》さん夫妻《ふさい》にやさしく言葉《ことば》をかけました。

「自分《じぶん》で歩《ある》くようになると、筋力《きんりょく》もついてきます。その変化《へんか》を知《し》りたいので、ビデオに撮《と》って、この次《つぎ》に診察《しんさつ》に来《こ》られるときに見《み》せてください。同《おな》じ場所《ばしょ》で、同《おな》じ条件《じょうけん》で撮《と》ってくださいね。ファティマちゃんの変化《へんか》を楽《たの》しみにしています。」

十二歳《さい》のファティマの体《からだ》に負担《ふたん》がかからないように、手術《しゅじゅつ》より装《そう》具《ぐ》をつけることをすすめた植村獣医師《うえむらじゅういし》。その判断《はんだん》をしっかり受《う》け止《と》め、小《ちい》さな体《からだ》のファティマのために負担《ふたん》にならない装具《そうぐ》を作《つく》った島《しま》田《だ》さん。

取材中《しゅざいちゅう》、獣医師《じゅういし》と装具士《そうぐし》の医療《いりょう》の連携《れんけい》のすばらしさとやさしさを目《ま》の当《あ》たりにしました。

森口《もりぐち》さん夫妻《ふさい》の家《いえ》には、ファティマのほかに二匹《ひき》のトイ・プードルがいます。

十六歳《さい》のフィオナは、ファティマのお母《かあ》さんです。高齢《こうれい》のため、目《め》は見《み》えず、耳《みみ》も聞《き》こえないのですが元気《げんき》です。食《た》べることが大好《だいす》きで、おだやかな性格《せいかく》です。

十歳《さい》のフェルナは、六歳《さい》のとき、様子《ようす》がおかしいので検査《けんさ》したところ、突発性後天性網膜変性症《とっぱつせいこうてんせいもうまくへんせいしょう》という目《め》の病気《びょうき》にかかっていました。治療《ちりょう》したのですが、両目《りょうめ》の光《ひかり》を失《うしな》いました。

「障害《しょうがい》があっても、重《おも》い病気《びょうき》でも、三匹《びき》とも、与《あた》えられた命《いのち》を最後《さいご》まで楽《たの》しく生《い》きぬいてほしいです。」

森口《もりぐち》さん夫妻《ふさい》の笑顔《えがお》は、やさしくおだやかでした。

2021年《ねん》ごろに撮影《さつえい》した森口《もりぐち》さんの家《いえ》の犬《いぬ》たち。
左《ひだり》からフェルナ、フィオナ、ファティマ。
（写真提供《しゃしんていきょう》／森口《もりぐち》さん）

8 ねこのきなこはアレルギー？

矢倉《やぐら》さん（兵庫県《ひょうごけん》神戸市《こうべし》在住《ざいじゅう》）の家《いえ》のねこのきなこ（オス）は、ノラねこの赤《あか》ちゃんでした。最初《さいしょ》は、お母《かあ》さんねこもいっしょにとなりの家《いえ》との間《あいだ》にある溝《みぞ》の中《なか》にいたのですが、お母《かあ》さんねこが数日《すうじつ》帰《かえ》ってこない間《あいだ》に、台風《たいふう》がきました。

大学生《だいがくせい》だった娘《むすめ》の千沙希《ちさき》さんが、

「台風《たいふう》なのに、赤《あか》ちゃんねこを放《ほう》っておくなんて、あたし、できないわ。こういうときには手《て》を差《さ》しのべる。そういうふうに育《そだ》てられてきたんだもの。」

と言《い》いました。

たしかに、矢倉家《やぐらけ》で今《いま》まで飼《か》ってきたねこのほとんどが、保護《ほご》したねこでした。

千沙希《ちさき》さんのその気持《きも》ちはわかるのですが、いったん人間《にんげん》がふれてしまうとお母《かあ》さんねこがけいかいしてしまうので、保護《ほご》したら、ずっと飼《か》う覚悟《かくご》がいります。

家《いえ》には、すでに犬《いぬ》もねこもいます。けれど、迷《まよ》う間《ま》もなく、風《かぜ》と雨《あめ》が強《つよ》くなってきました。

二〇一四年《ねん》、台風《たいふう》の夜《よる》、赤《あか》ちゃんねこは、矢倉家《やぐらけ》の一員《いちいん》になりました。

その後《ご》、もどってきたお母《かあ》さんねこに、赤《あか》ちゃんねこを見《み》せ、

「安心《あんしん》して。大事《だいじ》にするからね。」
と声《こえ》をかけました。
獣医《じゅうい》さんに診《み》てもらうと、生後《せいご》まだ二週間《しゅうかん》ぐらいだということでした。

それから六年《ねん》、きなこと名《な》づけられた子《こ》ねこは、先住《せんじゅう》ねこや犬《いぬ》たちとも仲良《なかよ》く、元気《げんき》にすごしてきました。

ねこは、グルーミングといっ

きなこは、矢倉家《やぐらけ》で飼《か》われることになりました。（写真提供《しゃしんていきょう》／矢倉《やぐら》さん）

て、自分《じぶん》の体《からだ》をなめて毛《け》づくろいをするのですが、やりすぎると、通称《つうしょう》「なめこわし」ともいわれる舐性皮膚炎《しせいひふえん》になり、毛《け》が抜《ぬ》けるだけではなく、皮膚《ひふ》が傷《きず》つき、血《ち》が出《で》てきます。

二〇二〇年《ねん》、なめこわしをはじめたきなこは、その傷《きず》を、ざらざらした舌《した》で、さらになめまわします。

「アレルギーが原因《げんいん》かしら？」

ひどくならないか心配《しんぱい》していたところ、ついに、太《ふと》ももにできた傷《きず》から細菌《さいきん》が入《はい》り、化膿《かのう》してしまいました。

獣医師《じゅういし》に薬《くすり》をぬる治療《ちりょう》をしてもらったあと、早《はや》く治《なお》るように、傷口《きずぐち》をぬい合《あ》わせてもらいました。

エリザベスカラーをつけ、洋服《ようふく》を着《き》せることで、なめることができないようにしていたので、太《ふと》ももの傷《きず》は、まもなく治《なお》りました。が、治《なお》ったと思《おも》う間《ま》もなく、こんどは、左《ひだり》うしろ足《あし》のかかとのなめこわしがはじまりました。

同《おな》じように傷口《きずぐち》をぬい合《あ》わせてもらったのですが、歩《ある》くたびにかかとの傷《きず》が開《ひら》き、三回《かい》も同《おな》じ手術《しゅじゅつ》をすることになりました。

それが治《なお》ったと思《おも》うと、こんどは右《みぎ》うしろ足《あし》のかかとをなめはじめ、十分《ぷん》もすると足《あし》が血《ち》だらけになりました。

別《べつ》の治療方法《ちりょうほうほう》があるかもしれないと思《おも》った矢倉《やぐら》さん夫妻《ふさい》は、ほかの動物病院《どうぶつびょういん》でも診《み》てもらいましたが、どこも同《おな》じ感《かん》じでした。最後《さいご》にかかっていた皮膚科《ひふか》もある神戸《こうべ》の動物病院《どうぶつびょういん》の獣医師《じゅういし》が、

「手術《しゅじゅつ》はもうできません。麻酔《ますい》をしすぎると、きなこちゃんの体《からだ》に

負担《ふたん》がかかるからです。これだけ長《なが》い間《あいだ》治《なお》らないというのは、ほかに何《なに》か問題《もんだい》があるのかもしれません。大阪市《おおさかし》にある動物病院《どうぶつびょういん》なら治《なお》してくれる可能性《かのうせい》があります。そちらで診《み》てもらってください。」

と、紹介状《しょうかいじょう》を書《か》いてくれました。

紹介《しょうかい》されたのは、大阪市《おおさかし》にある岸上獣医科病院《きしがみじゅういかびょういん》でした。院長《いんちょう》の古《こ》上獣医師《がみじゅういし》は、親身《しんみ》になって今《いま》までの経緯《けいい》を聞《き》いてくれました。

診察《しんさつ》の結果《けっか》、きなこは、好酸球性肉芽腫症候群《こうさんきゅうせいにくげしゅしょうこうぐん》という体《からだ》の免疫《めんえき》のみだれによって起《お》こる病気《びょうき》だとわかりました。

「動物《どうぶつ》は傷口《きずぐち》をなめたがるんですよね。ですがなめることで、どんどん悪《わる》くなっていきます。なので、きなこちゃんがなめないように。」

と、院長先生《いんちょうせんせい》はテーピングをしてくれました。そのうえで、薬《くすり》を飲《の》んで、体《からだ》の中《なか》から治《なお》していくことになりました。

が、薬《くすり》を飲《の》んでも、傷《きず》はなかなか治《なお》りませんでした。

そこで、再生医療《さいせいいりょう》を試《ため》すことになりました。再生医療《さいせいいりょう》とは、培養《ばいよう》上清《じょうせい》（幹細胞《かんさいぼう》を培養《ばいよう》したときにできる溶液《ようえき》の上《うわ》ずみ）を注射《ちゅうしゃ》する新《あたら》しい治療法《ちりょうほう》で、みだれた体《からだ》の免疫《めんえき》を整《ととの》える効果《こうか》があります。これを週《しゅう》に一回《かい》、合計《ごうけい》五回《かい》受《う》けることになりました。

それでもなかなか効果《こうか》が出《で》なかったので、

「これは、手術《しゅじゅつ》をするしかないか。」

と院長先生《いんちょうせんせい》があきらめかけたときに、やっと効《き》き目《め》があらわれはじめました。

ようやく傷《きず》が治《なお》ってきたのに、きなこが、右《みぎ》うしろ足《あし》のかかとのテーピングをなめながら外《はず》せるようになってしまいました。それを聞《き》いた院長先生《いんちょうせんせい》は、

「装具士《そうぐし》に、なめこわしをふせぐ装具《そうぐ》を作《つく》ってもらいませんか？」

と、提案《ていあん》しました。

「そんなものが作《つく》れるんですか？」

矢倉《やぐら》さん夫妻《ふさい》は、おどろきました。

「動物《どうぶつ》の義肢装具士《ぎしそうぐし》の島田《しまだ》さんならなんとかしてくれそうです。島《しま》田《だ》さんが、犬《いぬ》の装具《そうぐ》を持《も》って東京《とうきょう》から来院《らいいん》する日《ひ》に、きなこちゃんを見《み》てもらって、相談《そうだん》してみてはどうでしょう？」

手術《しゅじゅつ》をしなくてもすむなら、それにこしたことはありません。

矢倉《やぐら》さん夫妻《ふさい》は、お願《ねが》いすることにしました。

島田《しまだ》さんは、ねこの、なめこわしの症状《しょうじょう》を見《み》るのは、初《はじ》めてでした。

「なめるだけで、こんなにひどくなるのですね。なんとかしてあげたいです。」

そう思《おも》ったものの、島田《しまだ》さんは、なめこわし防止《ぼうし》の装具《そうぐ》を作《つく》るのは、初《はじ》めてです。

きなこのストレスにならないように、外《はず》れない装具《そうぐ》をと、生地《きじ》や形《かたち》のことなど考《かんが》えながら足《あし》のサイズを測《はか》りました。

島田《しまだ》さんが作《つく》ったのは、かかとをカバーしつつ、足首《あしくび》に巻《ま》き付《つ》けてとめるものでした。しっかりとまっているので、きなこがなめても外《はず》れません。

きなこは、いやがらずつけています。傷《きず》は治《なお》ったのですが、装具《そうぐ》の生地《きじ》がかたいせいか、すれた部分《ぶぶん》の毛《け》が抜《ぬ》けてきました。それで、今《いま》は外《はず》していますが、いざというときの装具《そうぐ》があることで、矢倉《やぐら》さん夫妻《ふさい》は、安心《あんしん》しています。

台風《たいふう》の日《ひ》、きなこを保護《ほご》した千沙希《ちさき》さんは、今《いま》や二歳《さい》の咲葉《さくは》くんのお母《かあ》さんです。咲葉《さくは》くんは、きなこが大好《だいす》きです。

遊《あそ》びに来《く》ると、

「きなー、きなー。」と、きなこにすりすりしています。

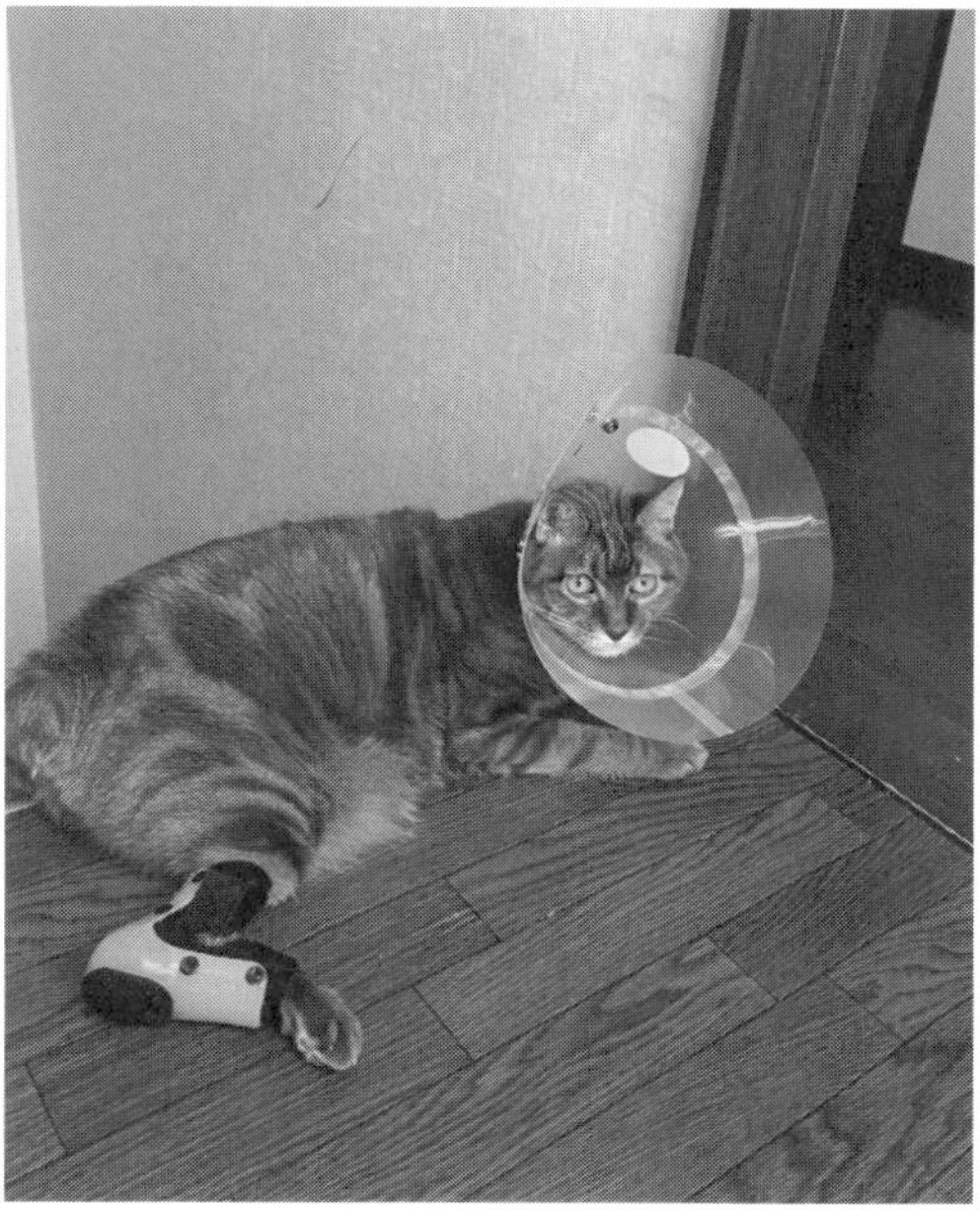

治療《ちりょう》していたときの、きなこ。
（写真提供《しゃしんていきょう》／矢倉《やぐら》さん）

あとがき

島田《しまだ》さんに、休日《きゅうじつ》はほとんどありません。

二〇二四年《ねん》四月《がつ》現在《げんざい》、獣医学科《じゅういがっか》のある十二の大学《だいがく》と連携《れんけい》し、千五百をこえる動物病院《どうぶつびょういん》から依頼《いらい》を受《う》け、月《つき》の半分以上《はんぶんいじょう》は、全国《ぜんこく》を走《はし》り回《まわ》っています。

わたしが大阪《おおさか》や京都《きょうと》の動物病院《どうぶつびょういん》で島田《しまだ》さんを取材《しゅざい》したときはいつも、重《おも》くて大《おお》きなスーツケースを引《ひ》っ張《ぱ》りながら、

「午前中《ごぜんちゅう》は京都《きょうと》でした。昨日《きのう》は名古屋《なごや》の動物病院《どうぶつびょういん》、明日《あした》は広島《ひろしま》に行《い》きます。」

だったり、別《べつ》の日《ひ》は、

「今日《きょう》は、これからもう一か所《しょ》大阪《おおさか》の動物病院《どうぶつびょういん》に行《い》き、明日《あした》は東北《とうほく》の動物病院《どうぶつびょういん》をまわり、帰宅《きたく》は三日後《みっかご》です。」

などと、つねに、ハードスケジュールで、そのフットワークにおどろかされました。

島田《しまだ》さんを支《ささ》えているスタッフは、現在《げんざい》、奥《おく》さんをふくめて六名《めい》です。

家《いえ》にいるときは、製作《せいさく》に追《お》われることになるので、毎晩《まいばん》、作業場《さぎょうば》に広《ひろ》げた寝袋《ねぶくろ》で仮眠《かみん》している状態《じょうたい》だそうです。奥《おく》さんが作《つく》ってくれた夕飯《ゆうはん》を食《た》べることもわすれ、夜中《よなか》にカップラーメンをすることも、たびたびあると聞《き》いています。

二〇〇七年《ねん》、島田《しまだ》さんが「東洋装具医療器具製作所《とうようそうぐいりょうきぐせいさくじょ》」を立《た》ち上《あ》げた当時《とうじ》は、動物《どうぶつ》に義肢《ぎし》を作《つく》ることじたい否定《ひてい》されていました。個々《ここ》に合《あ》う義肢《ぎし》を作《つく》るために細《こま》かく、ミリ単位《たんい》で採寸《さいすん》し、試行錯誤《しこうさくご》を重《かさ》ねてここまできたのですが、二〇二三年《ねん》、アメリカでは、3D《スリーディー》プリンターを利用《りよう》して、もっとかんたんに作《つく》っていることを知《し》り、島田《しまだ》さんはおどろきました。

早速《さっそく》、知人《ちじん》の協力《きょうりょく》をえて、二例製作《れいせいさく》しましたが、これからは義肢《ぎし》の世界《せかい》も変《か》わっていくことを実感《じっかん》したそうです。

島田《しまだ》さんのエネルギー源《げん》は、どうすればよりよい義肢《ぎし》や補助具《ほじょぐ》が

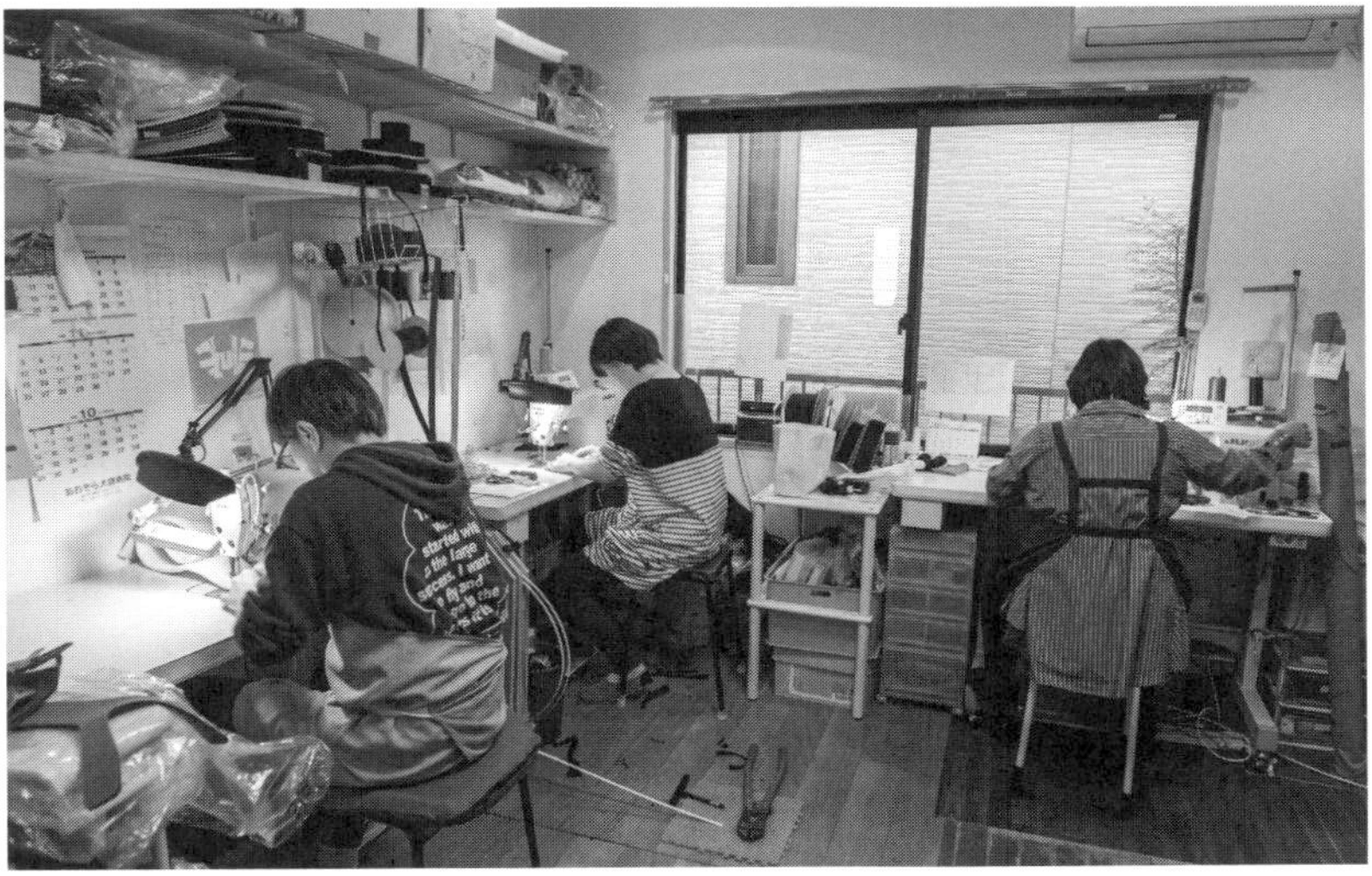

家族《かぞく》をふくめ、６名《めい》のスタッフが島田《しまだ》さんを支《ささ》えています。

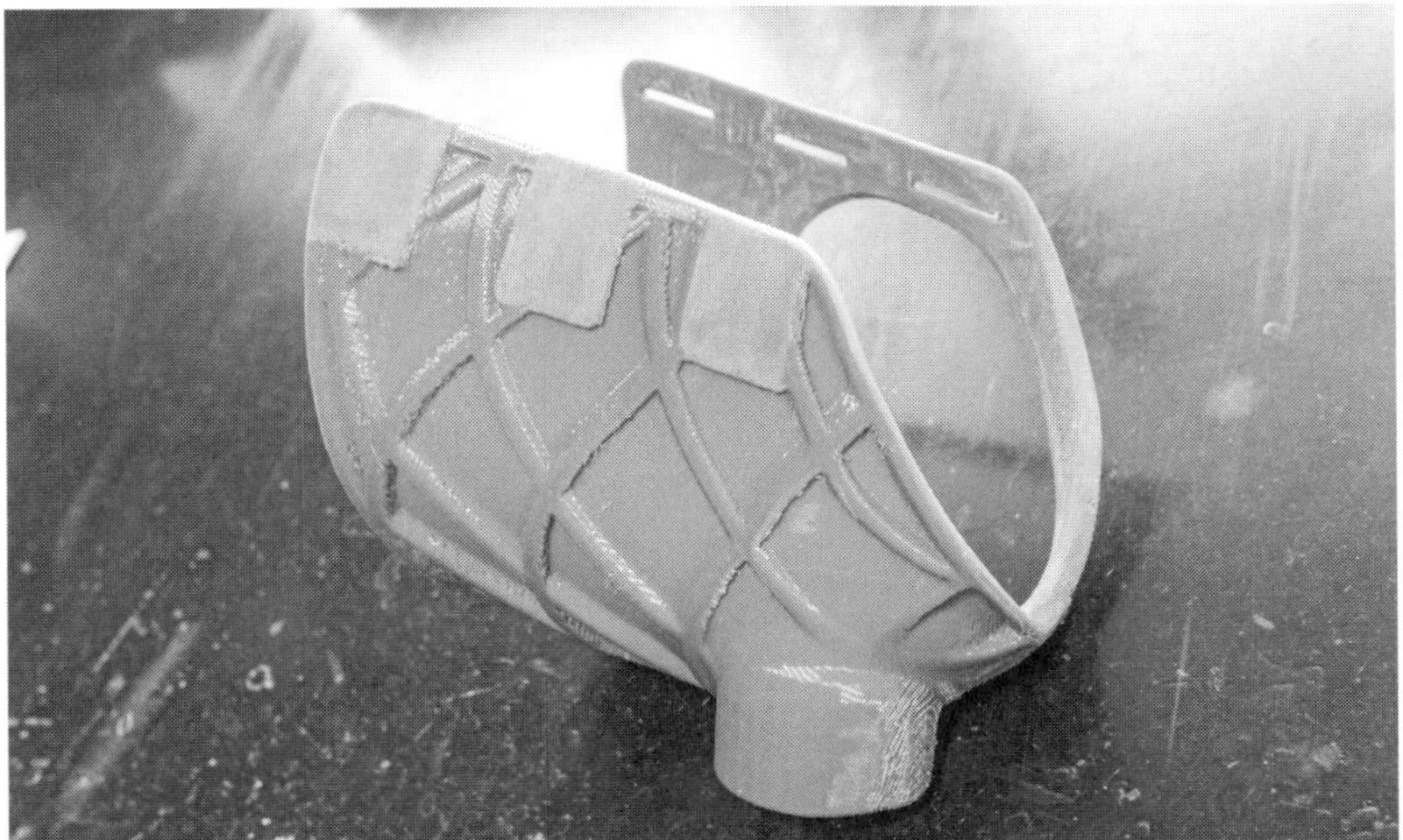

３Ｄ《スリーディー》プリンターで作《つく》った装具《そうぐ》。

作《つく》れるか考《かんが》えることです。また、亡《な》くなった犬《いぬ》の飼《か》い主《ぬし》さんから、「おかげで、犬《いぬ》もわたしも、最期《さいご》まで楽《たの》しくすごすことができました。」とよろこんでもらったことも、はげみになっています。感謝《かんしゃ》のお手紙《てがみ》も、全国《ぜんこく》からたくさんとどいています。

島田《しまだ》さんは、テレビや雑誌《ざっし》から取材《しゅざい》をうけることがたびたびあり、それを見《み》た、小《しょう》・中学校《ちゅうがっこう》から講演《こうえん》を頼《たの》まれることがあります。何《なに》を話《はな》せばいいのか迷《まよ》いながらも、できるだけことわらずに引《ひ》き受《う》けるようにしているそうです。

日本全国《にほんぜんこく》からとどいた感謝《かんしゃ》の手紙《てがみ》。

よりよい装具《そうぐ》を作《つく》るための、島田《しまだ》さんの挑戦《ちょうせん》は続《つづ》きます。

取材《しゅざい》協力《きょうりょく》してくださった動物《どうぶつ》病院《びょういん》や施設《しせつ》

- 東洋《とうよう》装具《そうぐ》医療《いりょう》器具《きぐ》製作所《せいさくじょ》
  ………… https://www.toyosogu.com/
- センター南《みなみ》動物《どうぶつ》病院《びょういん》アニマルセラピーハウス
  ………… https://momo.yokohama/
- 特定《とくてい》非営利《ひえいり》活動《かつどう》法人《ほうじん》アニマルハートレスキュー
  ………… http://www.animal-heart-rescue.net/
- 澤《さわ》動物《どうぶつ》病院《びょういん》（澤動物病院《さわどうぶつびょういん》神奈川《かながわ》動物《どうぶつ》医療《いりょう》センター）
  ………… https://www7b.biglobe.ne.jp/~sah/
- みずかみ犬猫鳥《いぬねことり》の病院《びょういん》
  ………… https://www.mizukami-vet.com/
- しまね海洋館《かいようかん》アクアス
  ………… https://aquas.or.jp/
- アリイ動物《どうぶつ》病院《びょういん》
  ………… https://www.alii-animal-hospital.com/
- Kyoto《きょうと》AR《エーアール》動物《どうぶつ》高度《こうど》医療《いりょう》センター
  ………… https://www.kyotoar.com/
- 岸上《きしがみ》獣医科《じゅういか》病院《びょういん》
  ………… https://www.dr-kishigami.com/

沢田俊子【文】

京都府生まれ。ノンフィクションから童話まで、小学初級から中級向けの作品を中心に幅広く執筆している。『盲導犬不合格物語』（Gakken）で、第52回産経児童出版文化賞を受賞。（同書は、加筆・修正のうえ講談社青い鳥文庫に収録）。『サバンナで野生動物を守る』（講談社）で第9回児童ペン賞　ノンフィクション賞受賞。ほかのおもな作品に『目の見えない子ねこ、どろっぷ』『犬たちよ、今、助けに行くからね』（いずれも講談社）、『盲導犬引退物語』『犬の車いす物語』（いずれも講談社青い鳥文庫）、『命の重さはみな同じ』『助かった命と、助からなかった命』（いずれもGakken）などがある。日本児童文芸家協会会員。日本ペンクラブ会員。

装丁　**大岡喜直**（next door design）

イラスト作成　**マーブルケイ**

撮影　**椎野 充**（講談社写真映像部）
（P17上、P24、P37、P42、P45、P101、P103）

動物《どうぶつ》の義足《ぎそく》やさん

２０２４年６月24日　第１刷発行
２０２４年９月25日　第２刷発行

著者……沢田俊子《さわだとしこ》
発行者……森田浩章
発行所……株式会社　講談社
〒１１２－８００１　東京都文京区音羽２－12－21
電話　編集　０３－５３９５－３５３６
　　　販売　０３－５３９５－３６２５
　　　業務　０３－５３９５－３６１５

カバー・表紙印刷……共同印刷株式会社
本文印刷……株式会社ＫＰＳプロダクツ
製本所……大口製本印刷株式会社
本文データ制作……講談社デジタル製作

＊この本は、書き下ろしです。

N.D.C.913　106p　21cm　
ISBN 978-4-06-535730-9

●沢田俊子《さわだとしこ》の本《ほん》●

犬《いぬ》たちよ、今《いま》、助《たす》けに行《い》くからね

待《ま》っている犬《いぬ》がいるかぎり、
どこへでも行《い》く！

今《いま》も、助《たす》けを待《ま》っている犬《いぬ》が、たくさんいます。
――なぜ？　だれが、どうやって助《たす》けているの？
目指《めざ》したのは、ふつうの家《いえ》でできる保護活動《ほごかつどう》。
ボランティアさんと力《ちから》を合《あ》わせて、
1000頭《とう》もの犬《いぬ》を助《たす》けてきた、金本聡子《かなもとさとこ》さんを取材《しゅざい》しました。

ISBN978-4-06-522237-9

●沢田俊子《さわだとしこ》の本《ほん》●

サバンナで 野生《やせい》動物《どうぶつ》を守《まも》る

第9回
児童ペン賞
ノンフィクション賞
受賞作品

野生動物《やせいどうぶつ》を守《まも》るために、
今《いま》できることは、
なんだろう？

太田《おおた》ゆかさんは、南《みなみ》アフリカ共和国《きょうわこく》で働《はたら》く政府公認《せいふこうにん》のサファリガイド。
さらに、絶滅《ぜつめつ》が心配《しんぱい》される野生動物《やせいどうぶつ》の保護活動《ほごかつどう》にも取《と》り組《く》んでいます。
サファリガイドってどんな仕事《しごと》？　どうしたらなれるの？
そして、南《みなみ》アフリカの野生動物《やせいどうぶつ》に、何《なに》が起《お》こっているの？

ISBN978-4-06-528372-1

●沢田俊子《さわだとしこ》の本《ほん》●

盲《もう》導《どう》犬《けん》不《ふ》合《ごう》格《かく》物《もの》語《がたり》

佐藤《さとう》やゑ子《えこ》／絵《え》

「第52回産経
児童出版文化賞」
受賞作品に
新たなエピソードを
加えて刊行。

不合格《ふごうかく》になったのは、「ダメな犬《いぬ》」だからじゃない

盲導犬《もうどうけん》になる訓練《くんれん》を受《う》けても、
すべての犬《いぬ》が盲導犬《もうどうけん》になれるわけではありません。
不合格《ふごうかく》になった犬《いぬ》は、「ダメな犬《いぬ》」なのでしょうか？
いいえ、たまたま盲導犬《もうどうけん》には向《む》かなかっただけなのです。
盲導犬《もうどうけん》にはなれなかったけれど、それぞれの道《みち》で活躍《かつやく》している
「不合格犬《ふごうかくけん》」たちのお話《はなし》です。

ISBN978-4-06-285359-0

●沢田俊子《さわだとしこ》の本《ほん》●

犬《いぬ》の車《くるま》いす物語《ものがたり》

病気《びょうき》のせいで歩《ある》けなくなって
元気《げんき》をなくし、やせてしまった
ダックスフントのスイーピー。
飼《か》い主《ぬし》の川西《かわにし》さんが手作《てづく》りした車《くるま》いすの
おかげでみるみる元気《げんき》に！
車《くるま》いすを使《つか》って動《うご》けるようになった
動物《どうぶつ》たちの、命《いのち》の物語《ものがたり》。

ISBN978-4-06-513472-6

盲《もう》導《どう》犬《けん》引《いん》退《たい》物《もの》語《がたり》

大庭賢哉《おおばけんや》／絵《え》

盲導犬《もうどうけん》は、だいたい10歳《さい》くらいで仕事《しごと》を
引退《いんたい》します。
そのあと、だれと、どんなくらしを
しているのでしょう？
命《いのち》あるかぎり、人《ひと》によりそい、幸《しあわ》せにして
くれる「引退犬《いんたいけん》」たちと、引《ひ》き取《と》った
人《ひと》たちの心《こころ》がかよい合《あ》う、５つの物語《ものがたり》。

ISBN978-4-06-517451-7